Knaur.

Knaur.

Über den Autor:
Christopher A. Weidner ist systemischer Therapeut, Astrologe und Feng-Shui-Experte. Seit vielen Jahren beschäftigt er sich mit asiatischer Kultur; er hat zahlreiche Bücher dazu veröffentlicht und ist ein gefragter Referent für Seminare und Vorträge.
www.phoenix-astrologie.de

Christopher A. Weidner

Wabi Sabi

Nicht perfekt und trotzdem glücklich!

Der asiatische Weg zu mehr Gelassenheit

Knaur Taschenbuch Verlag

Besuchen Sie uns im Internet:
www.knaur.de

Vollständige Taschenbuchausgabe Dezember 2008
Knaur Taschenbuch
Ein Unternehmen der Droemerschen Verlagsanstalt
Th. Knaur Nachf. GmbH & Co. KG, München

Redaktion: Andreas Kobschätzky
Umschlaggestaltung: ZERO Werbeagentur, München
nach einem Entwurf von griesbeckdesign, München
Satz: Adobe InDesign im Verlag
Druck und Bindung: Norhaven A/S
Printed in Denmark
ISBN 978-3-426-79807-2

2 4 5 3 1

Inhalt

Wie geht es Ihnen?

Vielleicht haben Sie an dieser Stelle so etwas wie ein Vorwort erwartet, vielleicht ein paar Danksagungen oder auch einige Erklärungen zum Gebrauch des Buchs.
Da ich darüber aber keine großen Worte verlieren möchte und dieses Buch sich letztlich um wichtigere Dinge dreht, nämlich um Sie, werte Leserin und werter Leser, komme ich gleich zu dem, was wirklich von Bedeutung ist: Wie Sie etwas in Ihrem Leben verändern können, um noch besser im Einklang mit dem zu leben, was Ihnen wirklich wichtig ist, und wie Sie all die Dinge hinter sich lassen, die Sie davon abhalten, ganz Sie selbst zu sein.
Und damit Sie später feststellen können, ob dieses Buch Ihnen tatsächlich etwas genutzt hat, stellen Sie sich jetzt bitte einmal die Frage, wie es Ihnen gerade geht. Wo befinden Sie sich gerade in Ihrem Leben? Wie wohl fühlen Sie sich gerade in Ihrer Haut? Wenn »0« dem Zustand entspricht, an dem es Ihnen wirklich miserabel geht und das Leben nicht lebenswert erscheint, und »10« dem Zustand des allerhöchsten Glücks, das Sie sich nur vorstellen können – wo würden Sie sich einordnen? Notieren Sie Ihre Zahl hier:

5

Mehr müssen Sie für den Moment gar nicht wissen. Ich schlage Ihnen allerdings vor, sich immer wieder an diese Zahl zu erinnern, vielleicht nach jedem größeren Leseabschnitt, wenn Sie eine Pause machen und das Buch zur Seite legen. Dann können Sie sich fragen: Wo befinde ich mich jetzt gerade auf der Skala von 1 bis 10? Wenn Sie einen Unterschied feststellen können, Sie also höher oder niedriger liegen als zu Beginn der Lektüre, dann fragen Sie sich weiter: Was ist jetzt anders? Was habe ich anders gemacht, so dass es besser wurde? Was muss ich anders machen, damit es wieder besser wird? Und wenn Sie gleich geblieben sind: Wie haben Sie es geschafft, diesen Zustand aufrechtzuerhalten und woran würden Sie merken, dass Sie auch nur einen halben Punkt auf der Skala weitergekommen sind?

Auf diese Weise bleiben Sie stets in Kontakt mit sich selbst, werden Ihr eigener Maßstab für das, was Ihnen guttut.

Und nun wünsche ich Ihnen viele Wabi-Sabi-Momente bei der Lektüre – und noch viele mehr, wenn Sie das Buch aus der Hand gelegt haben und es seinen Dienst für Sie getan hat.

Ihr
Christopher Weidner

Eine andere Idee vom Leben

Wabi Sabi bringt uns in Berührung mit der Schönheit des Vergänglichen und Unvollkommenen. Es geht um das Wertschätzen des Augenblicks, um die Suche nach neuen Werten im Hier und Jetzt.

Ich will so werden, wie ich bin

»Laufstegverbot für Magermodels!« Waren Sie nicht auch ein wenig verblüfft, als Sie diese Schlagzeile lasen? Immerhin bedeutete das für ein Drittel aller Models auf den Madrider Modewochen das Aus. Was war geschehen? Politiker hatten sich endlich dazu durchgerungen, den Protesten und Empfehlungen der Verbraucherverbände nachzugeben, weil durch die klapperdürren Mannequins der Jugend ein völlig falsches Schönheitsideal vermittelt wird.

Tatsächlich hat sich die Zahl der Mädchen unter zehn Jahren, die an Magersucht und Bulimie leiden, allein in Deutschland in den vergangenen 30 Jahren verachtfacht. Schon lange aber ist dieses Krankheitsbild nicht mehr nur ein rein weibliches Problem. Auch immer mehr Jungen und jugendliche Männer fühlen sich krankhaft zu dick – und sehen sich mit dieser Diagnose konfrontiert. Die von den Medien propagierten Ideale treiben immer mehr Menschen in einen Schlankheits- und Schönheitswahn, weil sie sie glauben machen, dass nur ein Mensch, der diesen Idealen entspricht, schön und damit gesellschaftlich akzeptiert ist.

Alle Altersgruppen sind betroffen – und eine ganze Industrie lebt von dieser Betroffenheit: Während junge Menschen sich zu Tode hungern, quälen sich Männer und Frauen mittleren Alters in Fitnessstudios, um »in Form« zu bleiben, wobei »Form« meint, den Idealen eines schönen und schlanken Körpers zu entsprechen. Wem das nicht

hilft, der legt sich eben unters Messer. Schönheitsoperationen sind inzwischen salonfähig geworden und nicht selten die Bestimmung so mancher Sparkonten. Und wen die Zeichen der Zeit schließlich doch ereilen, der findet jede Menge entsprechender Produkte im Kosmetik-Regal. Anti-Aging ist das Zauberwort, denn nur wer jung ist, ist auch schön.
Während die Jahresumsätze der Kosmetikbranche und der Diätmittelindustrie kontinuierlich steigen und sich die Konten der Schönheitschirurgen füllen, werden die Menschen immer kränker. Nicht nur körperlich, sondern auch seelisch. Ungezählt sind die Momente der Selbstzweifel, des Gefühls von Unzulänglichkeit und der Depressionen, die Männer wie Frauen erleben, wenn sie sich im Spiegel unserer Gesellschaft betrachten, in der Jugendlichkeit und Schönheit mittlerweile zu den wichtigsten Idealen gehören. Der Vergleich mit diesen Idealen schmerzt viele Menschen – und treibt sie entweder in die Resignation oder aber in blinden Aktionismus und Konsumrausch.

Die etwas andere Schönheit

Doch es sieht so aus, als ob sich ein Wandel vollzieht. Das Laufstegverbot für Magermodels ist nur ein Zeichen für die Veränderung der Ideale, die unsere moderne Gesellschaft prägen. Längst hat auch die Abweichung vom Schönheitsideal Einzug in das Bewusstsein der Konsumenten gehalten, die sich von den immer höher werdenden Ansprüchen und Erwartungen unter Druck gesetzt fühlen und sich fragen: Wo bleibe ich dabei?

Wer bestimmt eigentlich, wann wir schön sind und wann nicht? Sind wir denn nicht auch schön, so wie wir sind? Wer sagt, dass wir unser Äußeres gewaltsam in eine Form pressen müssen, um akzeptiert zu werden? Wenn alle gleich aussehen – was hat das noch mit Schönheit zu tun? Werbestrategen haben eine neue Zielgruppe entdeckt: Menschen, die sich nicht länger dem Diktat der Ideale unterwerfen wollen und sich mit ihren Ecken und Kanten, ihrer ganzen Individualität und Natürlichkeit wohl fühlen wollen – auch wenn das bedeutet, nicht den Idealmaßen zu entsprechen, hier ein Pfund zu viel und dort ein Fältchen zu haben. In Werbespots und auf Plakatwänden finden wir auf einmal Frauen, die so gar nicht den Normen makelloser Schönheit entsprechen, sondern »ganz normal« sind und gerade deshalb schön. Schönheit liegt im Auge des Betrachters, heißt es. Und genau das verkörpert diese neue Generation von Werbung. Sie entlastet uns vom Perfektionswahn, weil sie zeigt, dass Menschen schön sind, wenn sie genau so sind, wie sie sind. Sie vermittelt eine andere Schönheit, die nicht auf die Normierung äußerer Merkmale setzt, sondern neue Werte wie Unvollkommenheit und Anderssein in den Vordergrund rückt: Ich bin schön, weil ich besonders bin. Und genau an dieser Stelle begegnen wir Wabi Sabi.

Wabi Sabi ist keine neue Mode, kein neuer Trend, sondern eine jahrhundertealte fernöstliche Betrachtungsweise, die den wiederentdeckten Werten einer Schönheit entspricht, die sich die Natur zum Vorbild nimmt.

Wabi Sabi war eine Gegenbewegung zu den perfektionistischen Vorstellungen von Schönheit, wie sie seinerzeit im Reich der Mitte vorherrschten. Vielleicht entsteht bei uns gerade eine ähnliche Bewegung. Dabei können wir uns von den Prinzipien des Wabi Sabi stützen und inspirieren lassen. Wenn wir den gegenwärtigen Trend für uns nutzen, um neue Werte für unser Leben zu finden, in deren Mittelpunkt nicht Ideale stehen, die uns von außen übergestülpt werden, sondern das, was uns zu dem macht, was wir immer schon waren, dann haben wir möglicherweise die Chance, einen dauerhaften Wandel zu erreichen.
Wabi Sabi kann uns helfen, den Trend von den Plakatwänden zu holen und ihn zum Leitmotiv unseres alltäglichen Lebens werden zu lassen. Es zeigt uns, dass wir bereits alles in uns tragen, was wir benötigen, um uns schön und glücklich zu fühlen. Wir müssen unsere Aufmerksamkeit nur endlich auf das richten, was wir wirklich brauchen. Dabei können wir Folgendes erkennen: Es genügt nicht, zu bleiben, wie wir sind – wir müssen endlich auch so werden, wie wir sind.

Die Schönheit der Vergänglichkeit

Der junge Sen no Rikyû war begierig darauf, alles über die Kunst des Teeweges, seine Zeremonien und Riten zu lernen, und wandte sich an Meister Takeno Jo-o. Der Meister wollte prüfen, ob Rikyû für diesen Weg geeignet sei, und schickte ihn in seinen Garten, um dort mit dem Rechen für Ordnung zu sorgen. Rikyû machte sich sogleich eifrig ans Werk und arbeitete den ganzen Tag, während Jo-o ihn heimlich dabei beobachtete. Als er seine Arbeit beendet hatte, betrachtete Rikyû sein Werk: Alles war sauber und makellos. Doch irgendetwas stimmte noch nicht. Da lief Rikyû zum Kirschbaum, der in voller Blüte stand, und schüttelte ihn, so dass vier oder fünf Blütenblätter herabfielen und sanft zu Boden glitten. Da wusste Jo-o, dass Rikyû dem Teeweg alle Ehre machen würde, und hieß ihn als seinen Schüler willkommen.

In einer anderen Geschichte befahl Toyotomi Hideyoshi Rikyû, den er zu seinem obersten Teemeister gemacht hatte, zu sich. Vor ihm stand eine flache goldene, mit Wasser gefüllte Schale, neben der ein einzelner Zweig mit roten Pflaumenblüten lag. Hideyoshi befahl Rikyû, beides zu ordnen. Er wusste wohl, dass das ohne weitere Hilfsmittel nicht möglich war. Doch Rikyû setzte sich und griff, ohne zu zögern, nach dem Pflaumenzweig, streifte die Blüten ab und ließ sie auf die Wasseroberfläche fallen. Die auf dem Wasser schwimmenden Blütenblätter sahen wundervoll aus – und Hideyoshi musste erkennen, dass Rikyû ein wahrer Meister seiner Kunst war.

Das Herz von Wabi Sabi

In diesen beiden Geschichten ist das Herz von Wabi Sabi enthalten. Rikyû, der im 16. Jahrhundert den Teeweg mit der berühmten Teezeremonie entscheidend prägte, zeigt, wie der Augenblick durch das Unvollkommene und Zufällige eine unverwechselbare Gestalt bekommt. Schönheit liegt nicht in der Perfektion, sondern in der Einzigartigkeit. Erst die Blütenblätter auf dem perfekt geordneten Garten machen ihn zu etwas Besonderem. Vielleicht wird der nächste Wind sie wieder fortwehen, aber der Augen-

blick ihres Anblicks zählt und macht ihn zu einer individuellen Erfahrung. Auch die Blütenblätter in der goldenen Schale werden sicherlich bald untergehen und verschwinden. Doch genau das macht den Moment ihres Anblicks so kostbar. Diese Schönheit im Angesicht des nicht aufzuhaltenden Wandels der Welt ist das Geheimnis von Wabi Sabi.
Wir leben in einer Zeit und Kultur, in der wir dem Einzigartigen und Unwiederbringlichen kaum mehr Aufmerksamkeit schenken. Wenn wir an Schönheit denken, dann haben wir keine Bilder von der Vergänglichkeit des Lebens vor Augen. Unser Schönheitsverständnis ist geprägt von allem, was neu und makellos ist. Qualität verbinden wir damit, dass Gegenstände möglichst lange so aussehen wie an dem Tag, an dem wir sie gekauft haben. Spuren der Zeit werten einen Gegenstand in unseren Augen ab, und deshalb versuchen wir sie zu vermeiden: unsere Autos dürfen keine Kratzer haben, die Farbe unserer Kleidung muss immer leuchten wie neu, Flecken müssen entfernt werden, und wenn ein Gegenstand sich gar nicht mehr in dieses Schönheitsideal einfügt, dann werfen wir ihn eben weg und kaufen einen neuen.

Das Bewusstsein der Vergänglichkeit

Die Vorstellung, dass nur das Vollkommene und Neue schön sein kann, haben wir auch auf uns Menschen übertragen. Das Ergebnis ist der Jugendwahn, der unsere Gesellschaft derzeit erfasst hat, und der Schönheitskult, der schon junge Menschen bestimmten Idealen unterwirft. Alt werden, Falten zu bekommen – das gilt als großer Verlust. Nicht den gängigen Schönheitsidealen zu entsprechen, zu dick, zu dünn, zu groß, zu klein sein – das führt zum Gefühl von Minderwertigkeit. Wer nicht jung und schön ist, der fühlt sich schnell ausgeschlossen. Doch natürlich muss sich niemand mit seinem Schicksal abfinden. Wir haben Technologien entwickelt, um auch den unvollkommenen Menschen die Möglichkeit zu geben, sich an die Idealvorstellungen anzunähern: Wir können unser Geld in teure Kosmetik und Schönheitsoperationen investieren und wir können in Fitnessstudios schwitzen und qualvolle Diäten auf uns nehmen, um den gewünschten Maßen zu entsprechen.

Wabi Sabi dagegen bringt uns in Berührung mit einer Schönheit, die diesen Idealen völlig entgegengesetzt ist – und die jeder von uns kennt.

Vielleicht könnten auch Sie eine Geschichte wie die folgende erzählen: Stellen Sie sich vor, Sie haben einen wundervollen Tag hinter sich, alles lief so, wie Sie es sich vorgestellt hatten, und Sie sind bester Laune. Zum krönenden Abschluss entschließen Sie sich, Ihre besten Freunde in ein Restaurant einzuladen, von dem Sie gehört haben, dass es der perfekte Ort ist, um in geselliger Runde den Tag ausklingen zu lassen. Sie sind richtig hungrig und freuen sich schon auf das gute Essen, das es dort geben soll. Sie sitzen mit Ihren Freunden zu Tisch, und es herrscht eine ausgelassene Stimmung. Dann endlich werden die Speisen serviert, und schon beim Anblick läuft Ihnen das Wasser im Munde zusammen. Der erste Bissen – und Sie wissen, man hat Ihnen nicht zu viel versprochen: es schmeckt einfach

köstlich. Und weil es so gut schmeckt, genießen Sie jeden weiteren Bissen, bis der Teller leer ist. Dann lehnen Sie sich zufrieden zurück, blicken in die Runde und betrachten Ihre Freunde. Sie fühlen das Glück in sich, mit ihnen zusammen zu sein und einen Augenblick der Freude zu teilen.
Haben Sie jemals versucht, einen solchen Augenblick zu wiederholen? Vielleicht haben Sie sich gedacht: Das machen wir gleich nächste Woche noch einmal. Und vielleicht gelingt es Ihnen tatsächlich, Ihre Freunde wieder um sich herum zu versammeln, im selben Restaurant zur gleichen Zeit. Doch irgendetwas ist dieses Mal anders. Das Essen ist gut, aber nicht so köstlich wie letzte Woche. Die Gegenwart Ihrer Freunde ist angenehm, aber die Stimmung ist nicht so ausgelassen. Und dann wird Ihnen vielleicht bewusst, dass sich der erste Augenblick nicht wiederholen lässt – dass er unwiederbringlich vorbei ist.

Unsere Kultur sehnt sich nach der Wiederholung des Schönen und Guten. Wenn uns einmal etwas glücklich gemacht oder Freude bereitet hat, dann versuchen wir es zu wiederholen – in der Hoffnung, dass es uns gelingt, den positiven Effekt erneut hervorzurufen.

Wenn uns Essen Glücksgefühle beschert, dann essen wir mehr. Wenn uns ein Paar neue Schuhe von unserer Trauer ablenkt, dann kaufen wir uns das nächste Mal, wenn wir traurig sind, wieder eines. Wenn wir Spaß auf einer Party hatten, dann können wir es kaum erwarten, bis es wieder

Samstagabend ist. Wir wollen von allem viel zu viel, und die meisten von uns haben auch von allem viel zu viel: zu viele Bücher, zu viele Musik-CDs, zu viele Möbel, zu viele Kleidungsstücke. Wir essen zu viel, trinken zu viel, arbeiten zu viel.

Wabi Sabi vermittelt eine andere Idee vom Leben. Es geht nicht darum, wie wir es anstellen können, möglichst häufig Augenblicke des Vergnügens zu erleben, sondern um eine Form der Zufriedenheit, die aus dem Bewusstsein der Vergänglichkeit erwächst. Wabi Sabi ist, wenn wir uns an die gute Zeit, die wir mit unseren Freunden bei einem unvergesslichen Dinner hatten, erinnern, aber wir nicht traurig darüber sind, dass es vorbei ist, sondern dem Glück nachspüren, das in uns weiterlebt.

Wabi Sabi

Es ist nahezu unmöglich, eine treffende Übersetzung von Wabi Sabi zu geben – zu vieldeutig und zu komplex sind die Ideen, die hinter diesen beiden Wörtern stecken. Sie erkennen am ehesten, was damit gemeint ist, wenn Sie einen fühlenden Zugang zu den Begriffen herstellen, statt zu versuchen, sie mit dem Verstand zu erfassen. Auf der Ebene der Intuition erreicht Sie das, was Wabi Sabi ist, und auch, was es nicht ist.

Als Europäer können wir wahrscheinlich nur erahnen, welche Vielfalt an Assoziationen dieser Begriff bei einem Japaner auslöst. Und nach einer Deutung dieses Begriffes gefragt, werden wir in der Regel von ihm eine ausweichende Antwort bekommen.

Hierin unterscheiden wir westlichen Menschen uns von denen des Fernen Ostens: Während wir nach klaren Definitionen streben und gelernt haben, uns nach der Logik des Entweder-Oder zu richten, bevorzugen Japaner das Vieldeutige, Vielschichtige und Vage. Ihnen ist der intuitive Zugang zur Sprache wichtiger als der, Wörter lexikalisch korrekt einordnen zu können.

In der Tradition des Zen wird Mehrdeutigkeit angestrebt, um den Geist nicht dazu zu verleiten, sich an irgendwelche Wahrheiten zu haften.

Wabi – die Sehnsucht in uns

Wabi kommt von dem Tätigkeitswort »wabiru« und bedeutet so viel wie »sich nach etwas sehnen«. In Wabi steckt aber auch das Wort »wabishii«, das wir mit »einsam, verlassen, elend« übersetzen können. Lassen Sie diese beiden Wortfelder einen Moment lang auf sich wirken. Welche Bilder steigen in Ihnen auf, welche Landschaften sehen Sie vor Ihrem geistigen Auge? Nehmen Sie sich ruhig Zeit, um ein Bild zu entwickeln, das Ihnen entspricht.
Auch wenn Wörter wie »elend« und »verlassen« einen negativen Beigeschmack für uns besitzen, entsteht in Verbindung mit Sehnsucht so etwas wie ein Verlangen nach Einsamkeit, nach Schlichtheit. Ein Leben, befreit von den Zwängen der materiellen Welt. Armut war schon bei den Zen-Mönchen ein hohes Ideal, denn wer die Bindung an die Materie hinter sich lässt, gewinnt Freiheit und findet den Zugang zu einem spirituelleren Verständnis der Welt. Auch in unserer Kultur haben verschiedene religiöse Gruppierungen diesem Ideal der Entsagung von der Welt nachgestrebt, denken Sie nur an christliche Mönche wie die Franziskaner, die einem einfachen und einsamen Leben nahe der Natur den Vorzug vor jeglichem kulturellen Komfort geben.
Überlegen Sie: Wo spüren Sie die Bindungen an die materielle Welt am deutlichsten? Wann haben Sie das letzte Mal Angst davor gehabt, etwas oder jemanden zu verlieren – Ihren Job, Ihren Besitz, Ihren Partner? Wabi ist ein Zustand, in dem wir diesen Ängsten nicht die Macht geben, unser Leben zu bestimmen. Vielmehr richtet er unser Augenmerk auf das, was wirklich wichtig ist, auf das

Wesentliche – und das erfahren wir nicht im Lärm des Alltäglichen und im Blitzlichtgewitter der Eindrücke, das Tag für Tag auf uns niederprasselt.

Wabi erfahren wir dann, wenn wir uns von allen Einflüssen, Ansprüchen und Erwartungen des Lebens zurückziehen und beginnen, uns ganz auf uns selbst zu konzentrieren.

Die Welt zu verlassen, ihr den Rücken zu kehren, bringt uns in Berührung mit dem, was Wabi ausmacht: die Sehnsucht nach etwas, das sich aus unserer inneren Mitte erhebt, sobald wir unsere Aufmerksamkeit nach innen richten – das, was wir von ganzem Herzen sind, und nur wir sein können. Wenn wir all unser Sehnen darauf richten, ganz wir selbst zu sein, verliert die Angst vor dem Verlust dessen, was wir haben, ihre Macht über uns, weil wir wissen, dass alles, was wir brauchen, um ein glückliches und sinnerfülltes Leben zu führen, bereits in uns vorhanden ist.

Sabi – die Flüchtigkeit des Augenblicks

Irgendwann, wenn der Sommer sich verabschiedet hat und die Nächte wieder länger werden, wenn die Blätter sich färben und schließlich verwelkt zu Boden fallen, wenn der erste Frost sich über die Fluren legt, entsteht ein Gefühl, das dem Begriff Sabi am ehesten gerecht wird. In ihm schwingt die Melancholie des Herbstes, dem Sinnbild für die Vergänglichkeit: Alles verändert sich, nichts bleibt, wie es ist, und alles findet irgendwo sein Ende. Vielleicht ist Ihnen Sabi schon begegnet – in alten, verfallenen Häusern, an abgelegenen Orten, an denen die Zeit stehengeblieben zu sein scheint, aber auch auf vergilbten Fotos, in der Patina alter Möbel und dem Geruch vergangener Tage. Nostalgie kommt der Stimmung von Sabi sehr nahe. Jene Gefühle, die uns überkommen, wenn wir uns an unsere Jugendzeit erinnern, an eine verflossene Liebe oder an Augenblicke unseres Lebens, in denen wir glücklich waren und die nun der Vergangenheit angehören. Sabi bedeutet, sich der Veränderung nicht entgegenzustellen, sondern sie als natürlichen Teil des Lebens zu akzeptieren, ja sogar den Gedanken an die Endlichkeit der Welt zur Kraftquelle für die Gegenwart zu machen. Aber mehr als einen Anflug von Melancholie kennzeichnet Sabi nicht. Eher gleicht es einer heiteren und gelassenen Haltung angesichts der Flüchtigkeit des Augenblicks und der Unbeständigkeit der Welt. Alter, Einsamkeit, Sterben und Tod – mit den Augen von Sabi betrachtet verlieren sie ihren Schrecken und bewahren ihre natürliche Schönheit.

Wabi Sabi – das Ideal einer ganzen Kultur

Es ist interessant, dass diese beiden Wörter, die ursprünglich weniger angenehme Gemüts- und Lebensumstände des Menschen beschrieben haben, im Laufe der Zeit zum erstrebenswerten Ideal einer ganzen Kultur wurden. Sie spiegeln eine Lebensweise wider, die von einem anderen Verständnis von Glück und dem Sinn des Lebens geprägt ist als das der meisten Menschen in der westlichen Welt.

In der japanischen Kultur gehören beide Begriffe fest zusammen: wer Wabi sagt, meint Sabi und umgekehrt. Zusammengenommen beschreiben sie in der umfassendsten Form eine bestimmte Lebensführung und in ihrer engsten Bedeutung eine bestimmte Vorstellung von Schönheit.

Zentrale Themen wie Jugend und Alter, was wir schön und was wir hässlich finden, Leben und Tod werden im Einklang mit den natürlichen Rhythmen von Werden und Vergehen gesehen. Wabi Sabi vermittelt uns, dass unser Leben vergänglich ist und dass es darauf ankommt, wesentlich zu werden. Das heißt, herauszufinden, was wir wirklich brauchen und was uns als Individuum einzigartig und unverwechselbar macht. Wer in seinem Leben die Eigenschaften von Wabi Sabi zum Leitmotiv seiner persönlichen Entwicklung macht, wird unabhängig von den Wahrheiten anderer, den Idealen der Gesellschaft und den Konventionen der Kultur. Er wird Zufriedenheit und Lebenskraft aus sich selbst schöpfen.

Wabi Sabi bedeutet, sein Leben in Richtung größerer Einfachheit zu wenden, indem wir auf das verzichten, was überflüssig ist und uns bei der Erfüllung unserer eigentlichen Wünsche nur im Wege steht. Wir dürfen aber nicht erwarten, dass Wabi Sabi uns mit einer Fülle kluger Ratschläge versorgt, die unseren Alltag einfacher machen. Das Leben muss aus dem Blickwinkel von Wabi Sabi nicht simpler werden, sondern sich stärker an unseren ureigenen Interessen, an dem, was uns als Individuum ausmacht, orientieren: Was nutzt es, wenn ich weiß, wie ich meine Akten effektiver sortieren, meinen Schreibtisch leichter in

Ordnung halten und meine Zeitplanung besser in den Griff bekommen kann, wenn die Umstände, unter denen ich meine Arbeit verrichte, meinem Wesen widersprechen, wenn der Beruf selbst mich immer weiter von meinen eigentlichen Zielen und Wünschen abbringt.

Nach den Prinzipien von Wabi Sabi zu leben heißt nicht, sein Verhalten hier und dort zu verbessern, um sich noch besser in den Alltag einzufügen, noch angepasster zu werden, sondern dem Leben insgesamt mit einem anderen Bewusstsein zu begegnen.

Wabi Sabi als Lebensprinzip

Wabi Sabi bedeutet nicht, der Welt den Rücken zu kehren und zum Einsiedler zu werden. Aber wir werden das, was um uns herum geschieht, mit einer größeren Aufmerksamkeit betrachten. Wir werden gewahr sein, wo wir uns zu schnell den Bedürfnissen unserer Umwelt anpassen und wo wir uns zu leichtfertig den Maßstäben unserer Kultur unterwerfen. Wir werden immer mehr das sein, was wir sind, und immer weniger das, was wir glauben zu sein.

Vielleicht ist Ihnen beim Lesen der vorangehenden Absätze bereits deutlich geworden, in welchem Gegensatz sich unsere moderne, westliche Kultur zu Wabi Sabi befindet. Während Wabi Sabi von der Akzeptanz der Vergänglichkeit spricht, werden wir in unserer Kultur mit der Sehnsucht nach der Überwindung der Vergänglichkeit und der Kontrolle alles Lebendigen konfrontiert. Unsere Schönheitsideale schließen alt zu werden und sich der Zeit zu beugen aus. Vielmehr sollen die Zeichen der Zeit aufgehalten werden zugunsten ewiger Jugend. Sie zu verlieren gilt bei uns als eine Tragödie, während Wabi Sabi ihren Verlust zwar mit Wehmut betrachtet, aber als etwas akzeptiert, das nicht aufgehalten werden kann.

Wabi Sabi ist eine intuitive Wahrnehmung
und Wertschätzung der vergänglichen Schönheit in der
materiellen Welt, welche den unumkehrbaren Fluss
des Lebens … widerspiegelt. Es ist eine unaufdringliche
Schönheit, die im Schlichten, Gewöhnlichen,
Unvollkommenen oder sogar Zerfallenen existiert.
Andrew Juniper

Zwei Kulturen – zwei Welten

Wenn wir uns die Unterschiede zwischen Wabi Sabi und unserer Kultur bewusstmachen, erfahren wir noch deutlicher, welche Auswirkungen diese Lebenseinstellung auf uns haben wird, wenn wir uns ihr immer mehr annähern.

Wabi Sabi bevorzugt die intuitive Betrachtung der Welt. Es ist wichtig, was wir bei den Dingen empfinden und welche Bilder sie in uns auslösen. In unserer Kultur hingegen steht die rationale Betrachtungsweise im Vordergrund, das heißt die Art und Weise, wie wir über die Dinge denken.

Wabi Sabi sucht die Vieldeutigkeit und akzeptiert das Widersprüchliche. Im westlichen Denken dominiert die Suche nach Eindeutigkeit und der Versuch, Widersprüche durch Logik aufzulösen.

Wabi Sabi orientiert sich an der Natur, an ihren Prozessen, an ihren Formen und Stoffen. Es schlägt vor, sich der Natur anzupassen. In unserer westlichen Kultur herrscht die Technologie über die Natur. Wir glauben, dass es möglich und auch nötig ist, die Natur durch Technik zu kontrollieren.

Wabi Sabi akzeptiert die Veränderung, den Verfall und die Endlichkeit. Es stellt sich den natürlichen Prozessen nicht in den Weg. Abnutzung und Vernachlässigung mindern nicht den Wert einer Sache, sondern erhöhen ihn. Unsere Kultur sieht es als Fortschritt an, den Verfall aufzuhalten und die Haltbarkeit der Dinge zu erhöhen. Wir suchen nach Wegen, die Prozesse des Alterns aufzuhalten.
Wabi Sabi sieht in jedem Gegenstand, jedem Lebewesen und jedem Ereignis das Besondere, Einzigartige und Individuelle. Qualität ist in unserer Kultur hingegen gleichbedeutend damit, stets den gleichen Standard wahren zu können. Das heißt zum Beispiel, dass das Brötchen, das wir morgen kaufen, genauso aussieht und schmeckt wie das heute und gestern.
Wabi Sabi orientiert sich an dem, was gerade ist. Eine Sache hat nur den Sinn, den sie gerade hat. Darüber hinaus gibt es keinen weiteren Zweck, den sie erfüllt. In der Kultur des modernen Westens stehen Nützlichkeit und Zweckmäßigkeit einer Sache an oberster Stelle.
Wabi Sabi bevorzugt offene, weiche, schemenhafte, unklare, asymmetrische, natürliche Formen, während die westliche Kultur ein Faible für geometrische, symmetrische, scharf umrissene, präzise und glatte Formen entwickelt hat.
Wabi Sabi legt großen Wert auf die Entwicklung einer inneren Kultur, die sich im Verborgenen und Privaten zeigt. Die westliche Lebensweise ist stark nach außen gerichtet und sucht die Öffentlichkeit. Hier zählt die Außenwirkung mehr als innere Werte.
Wabi Sabi bildet einen Gegenpol zu der materialistischen, uniformen und digitalisierten Welt der Moderne. Gerade

der Siegeszug der Computer hat zu einem Verlust von Wabi-Sabi-Qualitäten geführt: Wann haben Sie das letzte Mal einen Brief mit der Hand geschrieben? Jeder Buchstabe, jeder Strich, den Sie auf das Papier setzen, ist einzigartig und Ausdruck Ihrer Individualität. Dazu kommt der Geruch der Tinte, das Kratzen der Feder auf der Oberfläche des Papiers, die feinen Bewegungen der Hand – es ist eine sinnliche Erfahrung, die Ihre gesamte Persönlichkeit einbezieht. Wenn Sie Ihre Korrespondenz mit einem Textverarbeitungsprogramm erledigen, ist jeder Buchstabe wie der andere. Die sinnliche Erfahrung ist stark reduziert auf das Klappern der Tasten und die Fokussierung auf das virtuelle, geruchsfreie, gefühllose »Blatt« vor Ihnen auf dem Bildschirm, zu dem Sie keinen direkten Kontakt haben.

Die Digitalisierung der Welt hat uns ermöglicht, dass wir dem westlichen Ideal der Standardisierung und Normierung des Lebens ein Stück nähergekommen sind. Und damit haben wir uns stillschweigend vom Lebendigen, Vielfältigen, Unvorhersehbaren, Widersprüchlichen und Unvollkommenen verabschiedet – mit eklatanten Auswirkungen auf unsere Lebensführung und unsere Vorstellungen davon, woran wir Glück und Erfüllung messen. Unser Alltag ist voll von Richtlinien und Wertmaßstäben, in die wir uns einfügen müssen, wenn wir Teil der Gesellschaft sein wollen. Jeder Bereich unseres Lebens unterliegt bestimmten Standards, an denen wir uns ununterbrochen selbst messen. Medien und Werbung spielen die tragende Rolle bei der Verbreitung dessen, was als erstrebenswert gilt: In Werbespots und Anzeigen bekommen wir vor Augen geführt, was unter Glück und Sinn des Lebens zu

verstehen ist, wie wir auszusehen haben, welchen Schönheitsidealen wir entsprechen müssen, welchen neuesten Trends wir zu folgen haben, wie eine glückliche Beziehung auszusehen hat, welche Dinge wir besitzen und welche Berufe wir ergreifen müssen …
Was dabei verlorengeht, ist das Bewusstsein der eigenen Besonderheit, die gerade in den Unterschieden zu diesen Idealen zu entdecken ist. Dort, wo wir nicht den Normen entsprechen, sind wir einzigartig und damit unabhängig von aller Fremdbestimmung über unser Leben. Wabi Sabi erinnert uns an diese verlorenen Qualitäten und beinhaltet eine Rückkehr zu den einfachen und schlichten Bedürfnissen, die uns zu dem machen, was wir im Grunde unseres Herzens sind.

Neue Werte für Ihr Leben

Wabi Sabi bedeutet die Ausrichtung des Lebens auf neue Werte und Aufmerksamkeit für das, was uns in der Welt begegnet, und den Platz, den wir in dieser Welt einnehmen wollen.
Dabei gibt es zwei Aspekte: das Innere und das Äußere. Der äußere Aspekt von Wabi Sabi hat schon in der japanischen Kultur eine große Rolle gespielt, nicht zuletzt deshalb, weil Wabi Sabi sich zuerst als ästhetisches Prinzip mit einer typischen Formensprache in Kunst, Handwerk und Architektur entwickelt hat.
Und dennoch spielt die Sinneswahrnehmung eine besondere Rolle: Wabi Sabi ist eine Qualität, die wir auch in Gegenständen und vor allen Dingen in der Natur finden. Wir

können es sehen, fühlen, hören, berühren und schmecken. Indem wir unsere Sinne auf Gegenstände richten, die Wabi-Sabi-Qualitäten besitzen, erfahren wir, was Wabi Sabi ist, und zwar genau auf die Art, die Wabi Sabi entspricht: als Erfahrung und als Empfinden.

Die innere Seite von Wabi Sabi ist jene Lebenshaltung, die folgende Merkmale aufweist:

- Wir können zwischen dem, was uns von außen als richtig und wichtig angeboten wird, und dem, was wir wirklich brauchen und wollen, unterscheiden.
- Wir können den Dingen ihren Lauf lassen, sie ihren eigenen Platz finden und geschehen lassen.
- Wir können uns auf das beschränken, was wirklich notwendig ist.
- Wir wissen, wann wir bei einer Sache bleiben sollten und wann es Zeit wird, sich von ihr zu lösen.

Die äußere Seite von Wabi Sabi

Bekannt unter Designern, Künstlern und Architekten ist vor allem die äußere Seite von Wabi Sabi, die sich auf die sinnliche Wahrnehmung von Wabi-Sabi-Qualitäten in der Umwelt bezieht. Dinge, die Wabi Sabi ausstrahlen, bringen uns in Kontakt mit grundlegenden Wahrheiten, deren Kenntnisnahme uns einige Last von den Schultern nehmen kann.

Wabi-Sabi-Qualitäten

Gegenstände, die Wabi Sabi sind, erkennen wir unter anderem an folgenden Eigenschaften:

Spuren natürlicher Prozesse
Sie können verwittert aussehen und zeigen Spuren der Zeit. Selten sind es daher Dinge, die ganz neu sind, sondern eher solche, die über die Jahre des Gebrauchs Patina angesetzt, Kratzer und Schrammen abbekommen oder sich verfärbt haben. Sie waren Sonne, Regen, Wind und Kälte ausgesetzt und sind vielleicht rostig, brüchig und rissig geworden. Es sind genau die Gegenstände, die uns eine Geschichte erzählen, wenn wir sie in Händen halten oder betrachten.

Keine regelmäßigen Formen
Nicht selten wirken Wabi-Sabi-Dinge angesichts der Hochglanzschönheit der Moderne völlig deplaziert. Sie besitzen nicht die Symmetrie und die Einheitlichkeit vieler

Gegenstände, mit denen wir üblicherweise umgeben sind, sondern fallen durch ihre unregelmäßige Gestalt auf. Vielleicht würden wir sie sogar als hässlich bezeichnen und als einen Affront gegen den allgemeinen »guten Geschmack« werten. Vermutlich würden wir sogar sagen, dass sich in ihnen alles, was man von »gutem Design« erwartet, in sein Gegenteil verkehrt. Dass sie grob wirken, wie zusammengestückelt und dass keine klare Konzeption dahinterzustecken scheint.

Wabi-Sabi-Dinge reißen uns aus der alltäglichen Wahrnehmung heraus, weil sie nicht dem gängigen Schönheitsideal entsprechen. Sie scheinen nicht zu passen und schaffen so Raum für eine neue Art und Weise, unsere Umwelt und letztlich auch uns selbst zu betrachten.

Unspektakulär

Wabi-Sabi-Dinge sind nichts Großartiges oder besonders Auffälliges. Wir stolpern nicht über sie, weil sie sich uns aufdrängen oder unsere Aufmerksamkeit bewusst auf sich ziehen. Im Gegenteil: Meist nehmen wir sie anfänglich gar nicht wahr, sondern merken nur, dass irgendetwas unseren gewohnten Ablauf stört. Wenn wir dann unsere Sinne schärfen, entdecken wir, dass der Gegenstand, der unsere Wahrnehmung auf diese Weise herausgefordert hat, oft ganz am Rand der Szene zu entdecken ist. Wir finden ihn zumeist eingereiht in die gewöhnlichen Dinge des Alltags. Und doch verändert er durch seine lautlose Gegenwart alles.

Wabi-Sabi-Dinge berühren uns durch ihre unmittelbare Präsenz im Hier und Jetzt. Sie tragen keine Qualitätsmerkmale und ragen auch nicht aus der Masse heraus. Sie sind nicht Wabi Sabi gemacht, sondern sie sind so geworden.

Vertrautheit

Wabi-Sabi-Dinge sind gewöhnlich und eher unauffällig – und dennoch kommen wir an ihnen nicht vorbei. Es scheint, als gehe von ihnen eine Einladung aus, sie in die Hand zu nehmen, sie zu berühren, ihre Beschaffenheit zu ertasten. Sie suchen unsere Nähe und wollen eine Beziehung zu uns herstellen.

Wabi-Sabi-Gegenstände suchen unser Vertrauen. Ihr Anblick weckt in uns das Bedürfnis, sich mit ihnen zu beschäftigen. Während wir Kontakt mit ihnen aufnehmen, merken wir, wie unsere Aufmerksamkeit sich von der Welt um uns herum nach innen verlagert. Für einen Augenblick vergessen wir alles, was sich um uns herum abspielt.

Wabi Sabi berühren

Um einen Wabi-Sabi-Gegenstand zu finden, müssen Sie nicht in ein Geschäft gehen, ja nicht einmal Ihr Haus verlassen. Am besten stehen Sie jetzt gleich auf und sehen sich um. Lassen Sie Ihren Blick durch die Räume Ihres Zuhauses schweifen, aber ohne Anstrengung und nicht so, also ob Sie etwas suchten. Halten Sie vielmehr Ausschau nach einer Unterbrechung des Wahrnehmungsflusses, nach etwas, das Sie im ersten Moment vielleicht sogar stört. Dann halten Sie für einen Augenblick inne und sehen genauer hin. Nähern Sie sich dem Ort und prüfen Sie den Gegenstand, den Sie dort finden, jedoch ohne ihn zu berühren oder zu bewegen. Betrachten Sie ihn in genau dem Zusammenhang, in dem Sie ihn jetzt gerade wahrnehmen, und überlegen Sie, inwieweit nicht gerade der Kontrast mit der Umwelt dem Gegenstand Wabi Sabi gibt. Vielleicht ist es der Sprung in der Tasse, der sie von allen anderen in der Vitrine unterscheidet und sie Wabi Sabi macht. Vielleicht ist es der alte Hase mit dem eingerissenen Ohr, den Sie noch aus Kindertagen besitzen. Vielleicht ist es die alte, abgewetzte Lederjacke in Ihrem Kleiderschrank, die Sie an Ihre erste große Liebe erinnert. Vielleicht ist es Ihr Lieblingsbuch, das abgegriffen und leicht zerfleddert neben Hochglanzillustrierten auf Ihrem Nachttisch liegt, oder ein alter Holzkochlöffel, der in einem modernen Behältnis aus Edelstahl auf seinen Einsatz wartet. Vielleicht ist es aber auch nur der Blick aus dem Fenster, auf ein im Winde ziellos hin und her wehendes Blatt, der diese unbestimmte, aber unverkennbare Wabi-Sabi-Stimmung in Ihnen auslöst.

Zum Schluss nehmen Sie Kontakt mit dem Gegenstand auf – sofern Sie ihn anfassen oder sogar in die Hand nehmen können. Spüren Sie zunächst der Veränderung nach, die Sie erzeugen, indem Sie den Gegenstand aus dem Kontext entfernen, in dem Sie ihn vorgefunden haben. Dann sehen Sie den Gegenstand selbst an, betrachten ihn, ohne ihn zu analysieren. Es ist nicht wichtig, dass Sie herausfinden, was genau diesen Gegenstand so Wabi Sabi für Sie macht. Wichtig ist das Gefühl, das sich bei der Betrachtung einstellt. Was will Ihnen dieses Gefühl sagen? Worum geht es? Welche Erinnerungen werden wach und welche Sehnsüchte werden geweckt? Was hat dieser Gegenstand mit Ihnen zu tun?

Notieren Sie bitte Ihre Eindrücke:

....

....

....

Sie können es sich zu einer guten Gewohnheit machen, Wabi-Sabi-Gegenstände in Ihrer Umgebung ausfindig zu machen – egal, wo Sie gerade sind. Vor allen Dingen in Situationen, in denen Sie sich unter Druck fühlen, Sie sich mit Schwierigkeiten herumschlagen, für anstehende Probleme keine Lösung finden oder sich einfach nicht wohl in Ihrer Haut fühlen, sollten Sie Kontakt mit dem Wabi Sabi in Ihrer Umgebung aufnehmen. Sie werden merken, wie sich Ihre Wahrnehmung verändert und damit auch Ihre Sichtweise der Dinge.

Wabi-Sabi-Gegenstände können Ihnen helfen, die Perspektive auf Ihr momentanes Leben zu verändern, wenn Sie sich die Zeit nehmen, sich auf sie einzulassen. Sie erinnern Sie daran, dass Sie nicht auf alles eine Antwort haben müssen, dass die Schönheit oft im Detail liegt und sich in der Unvollkommenheit der Welt manifestiert. Sie zeigen Ihnen, dass Ihre Probleme vergänglich sind und Sie dem Lauf der Zeit vertrauen können. Und letztlich beweisen sie Ihnen, dass Ihre Einzigartigkeit genau darin besteht, dass Sie sich durch Ihre Unzulänglichkeiten von allen anderen unterscheiden.

Die innere Seite von Wabi Sabi

Schon die Betrachtung eines Gegenstandes, der typische Wabi-Sabi-Merkmale aufweist, kann uns wichtige Impulse geben, in welcher Hinsicht wir unser Leben verändern könnten, um aus der Umklammerung der Konsumgesellschaft hin zu einem vielfältigeren und authentischeren Leben zu gelangen.

Die folgenden Gedankengänge sollen Sie inspirieren, den Herausforderungen des Lebens mit einer Wabi-Sabi-Haltung zu begegnen. Betrachten Sie es einfach als ein Experiment und probieren Sie es aus. Insbesondere dann, wenn eine der folgenden Aussagen auf Sie zutrifft:

- Ich gehe zu viele Verpflichtungen gleichzeitig ein.
- Ich spiele eine bestimmte Rolle.
- Ich habe Angst vor der Zukunft oder denke viel über die Vergangenheit nach.
- Ich versuche perfekt zu sein.

Die Schönheit des Augenblicks

Zeit ist ein kostbares Gut, und viele Menschen versuchen daher, jede Minute ihres Lebens sinnvoll zu nutzen. Gehören Sie auch zu den Menschen, die ein schlechtes Gewissen bekommen, wenn sie einmal nichts tun? Wobei sich das nicht nur auf die Arbeitszeit bezieht, sondern auch auf die Zeit, die eigentlich Freizeit heißt. Doch ein Blick in so manchen Terminkalender offenbart, dass auch

nach Feierabend für viele von uns noch lange nicht Schluss ist. Da wartet der Partner auf den versprochenen Kinoabend, der Umtrunk mit Freunden in der Lieblingsbar, das Fitnessstudio, der Elternabend und natürlich jede Menge Haushalt. Viele sind schon so an ihren engen Zeitplan gewöhnt, dass ein unvermuteter Leerlauf für Augenblicke der Sinnkrise sorgt: Was tun, wenn der Freund Sie vergessen, die Bar geschlossen, der Zug sich verspätet hat? Haben Sie sich darüber geärgert? Oder haben Sie diese Momente echten Freiraums als kleine Zeitgeschenke willkommen geheißen? Wie geht es Ihnen, wenn Ihr Kalender auf einmal Lücken bekommt, in denen Sie nichts vorhaben?
Viele von uns haben es schlichtweg verlernt, diese Augenblicke spontaner Freizeit zu nutzen, vielleicht als Gelegenheit, innezuhalten und zu sich zu kommen – einfach einmal Luft zu holen. Vielleicht haben Sie auch schon beobachtet, wie Menschen in Wartesituationen versuchen, sich von diesem Zustand des Freiraums abzulenken. Da wird beispielsweise das Handy gezückt, um ein Telefonat zu erledigen oder schnell eine SMS zu tippen, selbst wenn es nicht wirklich etwas zu sagen gibt.

Manchmal tun wir so, als ob wir etwas versäumen, wenn wir nicht jede Sekunde mit etwas Sinnvollem ausfüllen, wenn wir keine Hobbys oder keine zusätzlichen sozialen Engagements haben. Vielleicht glauben wir, dass es ein wertvolles Mitglied der Gesellschaft aus uns macht, wenn unser Terminplaner voll ist und unser Palm-Pilot nicht zur Ruhe kommt.

Doch gefragt, ob sie sich mit diesem künstlichen Stress tatsächlich wohl fühlen, würden die wenigsten von uns eine positive Antwort geben. Tatsächlich haben wir immer mehr zu tun und sind zugleich immer weniger zufrieden. Etwas fehlt uns. Und das sind jene nutzlosen Augenblicke, in denen nichts zählt, außer dass wir einfach hier und jetzt da sind – ohne Absichten und ohne Ziele. In unserer heutigen Zeit sind diese Augenblicke vielleicht deshalb so selten geworden, weil wir keinen Leerlauf befürchten müssen. Egal wann Stillstand in der Beschleunigung unseres Lebens droht, es wird ein Angebot geben, das uns davor rettet, auf uns selbst gestellt zu sein. Und weil die Auswahl so groß ist und wir mit immer neuen Gelegenheiten geködert werden, gönnen wir uns keine Pause, um nicht den Anschluss zu verlieren.

Das Ergebnis ist Übersättigung. Wir sind vollgestopft mit Eindrücken, Informationsschnipseln und Wissenssplittern. Und obwohl uns schon längst der Appetit vergangen ist, gönnen wir uns keine Verschnaufpause. Vielleicht haben wir das Problem auch schon längst erkannt, aber wir gestehen uns die Lösung nicht ein, weil wir uns verpflichtet fühlen – unserem Partner gegenüber, unseren Freunden, unserem Chef, unseren Kollegen oder uns selbst gegenüber.

Einem Leben voller Verpflichtungen fehlt Wabi Sabi, denn es verbirgt sich genau in jenen Zeitlücken, in denen es um nichts anderes geht als um die Schönheit des Augenblicks. Eigentlich kennt jeder von uns diese Momente, in denen unsere Aufmerksamkeit von etwas gefangen genommen wird, das uns aus dem alltäglichen Trott herausreißt: eine bizarre Wolkenformation, der Halbmond, der über den

Dächern der Stadt aufsteigt, Herbstlaub, das wirbelnd über die Straße tanzt, ein ferner Glockenschlag, den der Wind an unser Ohr trägt, das Glitzern des Bachs in der Sommersonne, der Duft frischen Brotes. Dann nehmen wir abseits unserer Pläne mit einem Male wieder Kontakt mit der Schönheit und der Einmaligkeit dessen auf, was sich gerade ereignet. Eigentlich müssen wir nichts weiter tun, als die Zeit anzuhalten und alle unsere Sinne auf diesen Augenblick zu konzentrieren. Nichts weiter – und doch ist es für viele eine schwierige Übung, denn es bedeutet den Fuß vom Gas zu nehmen und damit zu riskieren, an Tempo zu verlieren. Was wir dafür aber gewinnen, ist ein Bewusstsein für die Botschaft des Augenblicks.

Zeitlücken finden

Versuchen Sie einen Tag lang auf Zeitlücken zu achten. Wenn sich eine solche auftut, dann widerstehen Sie der Versuchung, sie sofort mit etwas »Sinnvollem« zu füllen, sondern verharren Sie in diesem Augenblick, ohne über das nachzudenken, was Sie gerade getan haben und was Sie noch tun wollen. Beobachten Sie einfach, was sich Ihren Sinnen in diesem Moment anbietet: Was sehen Sie? Welche Farben und Formen bieten sich Ihrem Auge dar? Was hören Sie? Welche Geräusche dringen an Ihr Ohr – die ganz nahen und die weiter entfernten und die ganz fernen? Was spüren Sie gerade? Wenn Sie sitzen: Wie fühlt sich der Untergrund an? Welche Teile Ihres Körpers spüren Sie? Wo ist es wärmer, wo kälter? Wo ist es härter, wo weicher? Welche Unterschiede gibt es sonst noch? Beziehen Sie alle Sinne ein, aber deuten Sie Ihre Wahrnehmungen nicht. Wenn das Telefon klingelt, dann hören Sie das Klingeln des Telefons, aber es ist in diesem Augenblick keine Aufforderung, den Hörer abzuheben. Wenn ein Papier auf dem Boden liegt, dann liegt ein Papier auf dem Boden, aber es gibt keinen Grund, es aufzuheben. Wenn Sie hungrig sind, verspüren Sie Hunger, aber Sie müssen nicht sofort etwas essen.

Der Tag ist voller Zeitlücken, in denen Sie sich auf das konzentrieren können, was gerade ist, ohne handeln zu müssen. Machen Sie es sich zur guten Gewohnheit, mindestens einmal am Tag eine Zeitlücke auf diese Weise nur mit sich selbst und Ihren Wahrnehmungen zu verbringen. Mit der Zeit werden Sie diese Augenblicke nicht mehr missen wollen, und Sie werden sich ruhiger und weniger gestresst fühlen.

Freiheit durch Einzigartigkeit

Wabi Sabi zelebriert den Augenblick, weil er unwiederbringlich ist. Wabi Sabi geht es genau darum: um das, was unverwechselbar und einmalig ist. Das Gegenteil davon begegnet uns immer wieder im Alltag. Hier sehen wir uns mit der Notwendigkeit konfrontiert, uns anzupassen und mit den Anforderungen und Ansprüchen, die an uns gestellt werden, Schritt zu halten. Das erfordert oft genug den Verzicht auf alles, was uns individuell macht. Wir sind es gewohnt, in verschiedene Rollen zu schlüpfen, die uns zu dem machen, was die Situation gerade erfordert – und immer weniger das sein lässt, was wir gerne wären. In der Familie sind wir Mutter oder Vater, Sohn oder Tochter, im Job sind wir Chef oder Kollege, im Kaufhaus sind wir

Kunde, in der Schule Schüler oder Lehrer, in der Beziehung Partner und im Straßenverkehr Autofahrer, Fahrradfahrer oder Fußgänger. Haben Sie auch schon bemerkt, wie Sie sich je nach Kontext verändern? Wie Sie als Autofahrer auf Fahrradfahrer schimpfen und als Fahrradfahrer auf Autofahrer? Wie Sie sich als Kind Ihrer Eltern anders verhalten als Ihren eigenen Kindern gegenüber? Wie Sie unter Freunden anders sprechen und sich bewegen als unter Kollegen? Manchmal können wir beobachten, wie wir den ganzen Tag über fließend von einer Rolle in die nächste gleiten, gerade so als ob wir ein Kostüm gegen das nächste austauschen. Haben Sie sich auch schon einmal gefragt, wo hinter all diesen Masken Sie selbst geblieben sind? Je mehr wir uns bemühen, unsere Rollen zu spielen, umso mehr vergessen wir, wer wir eigentlich wirklich sind.
Wabi Sabi kann Ihnen helfen, sich zu erinnern, dass es etwas in Ihnen gibt, das unverwechselbar und einzigartig ist, etwas, das nur Sie verkörpern können, jenseits aller Vorgaben und Bedingungen, die von außen an Sie herangetragen werden. Wabi Sabi in Ihrem Leben zu entdecken bringt Sie zu dem Schluss, dass Glück und Zufriedenheit nur darin liegen können, sich immer weniger den Ansprüchen anderer anzupassen und immer mehr den eigenen Bedürfnissen zu folgen – Ihren eigenen Talenten und Fähigkeiten.

Meine täglichen Rollen

Kennen Sie die Rollen, die Sie tagtäglich – bewusst oder unbewusst – spielen? Nehmen Sie sich jetzt ein wenig Zeit, über diese Rollen nachzudenken. Dann fertigen Sie bitte eine Liste aller Rollen, die Ihnen vertraut sind. In der Familie sind Sie zum Beispiel Vater, Mutter, Sohn, Tochter, Schwester, (Ehe-)Partner, Großmutter, Großvater, Tante, Onkel usw. Notieren Sie die Rollen, in die Sie am häufigsten schlüpfen. In der Arbeit sind Sie Kollege, Chef, Arbeitssuchender, Mitarbeiter, Auftraggeber, Auftragsempfänger oder Dienstleister. In der Freizeit sind Sie Freund, Vereinsvorsitzender, Tourist ... Im Alltag sind Sie Verkehrsteilnehmer, Kunde, Gast und, und, und. Wundern Sie sich nicht, wenn sehr viele Rollen zusammenkommen, das ist völlig normal: Wir alle wechseln täglich zwischen einer Unzahl von Rollen hin und her. Wählen Sie nun jedoch bitte die acht Rollen aus, mit denen Sie sich am häufigsten auseinandersetzen müssen, und tragen Sie sie in folgendes Schema ein:

Füllen Sie jeden der äußeren Kreise mit einer der Rollen. In den mittleren Kreis schreiben Sie das Wort »ICH«. Jede einzelne dieser Rollen ist eine Facette Ihrer Persönlichkeit – aber Sie sind nicht diese Rollen, auch wenn Sie sich sehr wahrscheinlich in bestimmten Situationen oft auf eine bestimmte Rolle reduziert sehen und so den Bezug zu sich selbst verlieren. Da Sie aber jede Rolle immer auf Ihre ganz persönliche Art und Weise ausfüllen, können Sie dieses ICH hinter jeder dieser Rollen entdecken.
Geben Sie sich nun selbst Noten, je nachdem wie zufrieden Sie mit sich in der jeweiligen Rolle sind. Geben Sie sich eine 1, wenn Sie sehr zufrieden sind, und eine 6, wenn Sie unglücklich sind. Diese kleine Selbsteinschätzung zeigt Ihnen, dass Sie nicht jede Rolle gleich gut ausfüllen können. Es kann sogar sein, dass Sie sich heute andere Noten geben als noch vor einem Jahr oder sogar noch vor einer Woche. Unsere Rollen sind alles andere als stabile, festgefügte Strukturen, auch wenn wir es manchmal so erleben.
Überlegen Sie nun weiter: Welche Ihrer Fähigkeiten, besonderen Eigenschaften und Talente werden in den einzelnen Rollen sichtbar? Wo verwirklichen Sie welchen Aspekt Ihrer Persönlichkeit am besten? Notieren Sie bitte zu jeder Rolle mindestens eine Ihrer Fähigkeiten: Als Kunde bin ich beispielsweise besonders geduldig, als Kollege besonders hilfsbereit, als Partner sorge ich für Abwechslung, als Mutter behalte ich stets einen klaren Kopf, auch wenn es hoch hergeht, als Freund habe ich stets ein offenes Ohr usw.
Jede Rolle, die Sie einnehmen, offenbart Ihnen einen Aspekt Ihrer Persönlichkeit, der Sie einzigartig macht. Betrachten Sie also in Ruhe Ihre Rollen und richten Sie Ihr

Augenmerk auf das, was von Ihrer Persönlichkeit darin zum Ausdruck kommt. Dann blicken Sie in die Mitte auf Ihr ICH. In diesem ICH fügen sich die Eigenschaften Ihrer Persönlichkeit zu einem unverwechselbaren Ganzen zusammen. Nach außen hin sind Sie »viele«, für sich betrachtet sind Sie aber immer nur der oder die Eine. Wenn wir uns so betrachten, fällt es uns leichter, die Rollen als Verwirklichung unserer Persönlichkeit zu sehen.
In einem letzten Schritt könnten Sie sich überlegen: Welche Eigenschaften, die ich in der einen Rolle deutlich ausdrücken kann, könnten mir in einer anderen Rolle helfen, zufriedener zu werden? Was müsste ich dafür tun – und wann fange ich damit an?

Wertschätzung der Gegenwart

»Früher war alles besser!« Jeder von uns wird sich das schon einmal wenigstens gedacht haben. Natürlich verfallen wir immer dann in nostalgisches Selbstmitleid, wenn es gerade nicht so gut für uns läuft. Wir erinnern uns dann daran, dass wir in der Vergangenheit glücklich waren, uns leichter und unbeschwerter fühlten oder einfach nur mehr Spaß hatten. Vielleicht aber grübeln wir auch darüber nach, was wir in der Vergangenheit alles falsch gemacht haben, so dass wir jetzt unter den Folgen unserer Fehler leiden müssen: »Hätte ich doch damals bloß nicht …« So oder so ähnlich beginnen Sätze, in denen wir uns die Schuld für die aktuelle Misere geben, weil wir glauben, eine falsche Entscheidung getroffen, den falschen Partner gewählt und den falschen Beruf ergriffen zu haben. Andere wiederum sehen

in den Fehlern anderer die Quelle allen Übels – in der unzureichenden Liebe der Eltern, dem ungerechten Schulsystem, den widrigen Umständen der Kindheit.
Doch egal, ob wir die Vergangenheit nun hochhalten oder sich Vorwürfe gegen uns selbst oder andere aus ihr speisen, in beiden Fällen binden wir uns an das, was gewesen ist, und entfernen uns von dem, was gerade ist. Anstatt unser Leben im Hier und Jetzt zu betrachten, mit seinen aktuellen Möglichkeiten und Chancen, beklagen wir uns über das, was wir verloren haben. Anstatt uns darum zu kümmern, dass es uns jetzt gutgeht, trauern wir um das, was wir nie hatten.
Eine zweite Quelle der Sorge ist die Zukunft. Wir denken darüber nach, was später einmal sein wird, wohin wir kommen werden, wenn wir so weitermachen wie bisher. Wir haben Angst vor künftigen Verlusten, vor Einbußen an Lebensqualität durch die unsichere wirtschaftliche Situation und die notwendig gewordenen Reformen des Sozialsystems, vor Krankheit und Gebrechlichkeit sowie vor dem Altwerden ganz generell. Worauf werden wir unsere Zukunft aufbauen können? Und vor allen Dingen: Was müssen wir jetzt tun, damit wir uns morgen das Leben von heute noch leisten können? Die Zukunft kann uns ebenso sehr im Nacken sitzen wie die Vergangenheit und uns davon abhalten, bewusst im Hier und Jetzt zu leben.

Solange unsere Aufmerksamkeit von der Sorge um unsere Vergangenheit oder unsere Zukunft absorbiert wird, degradieren wir die Gegenwart zu einer unbedeutenden Schnittstelle zwischen diesen beiden Polen.

Dabei können wir die Vergangenheit nicht verändern und die Zukunft nicht voraussagen. Wabi Sabi zeigt uns, dass wir nur eine Zeit erfahren können, nämlich die Gegenwart. Nur was jetzt gerade ist, ist wirklich. Und nur hier und jetzt können wir unser Leben gestalten. Die Gegenwart ist mehr als nur eine Transitstelle zwischen Vergangenheit und Zukunft – sie ist alles, worüber wir wirklich verfügen können. Wir können über das, was war, nachsinnen, und wir können mit noch so großer Umsicht unsere Zukunft planen: Unser Leben geschieht jetzt – in diesem Augenblick.

Wabi Sabi bedeutet, dass nichts für immer ist und sich alles in ununterbrochenem Wandel befindet. Leben heißt Veränderung. Sich an die Zukunft oder die Vergangenheit zu klammern kommt dem Versuch gleich, diese Veränderung aufzuhalten und sie kontrollieren zu wollen. Das Wabi-Sabi-Leben jedoch findet im Hier und Jetzt statt. Es lässt die Gegenwart geschehen als Ergebnis der Vergangenheit und als Bedingung für die Zukunft, so wie die Blüte einer Pflanze aus dem Samen entstanden ist und irgendwann zu einer Frucht reifen wird. Doch die Blüte kümmert es nicht, dass sie ein Same war noch welche Frucht sie werden wird. Sie ist einfach nur da und streckt ihre Blütenblätter der Sonne des gegenwärtigen Augenblicks entgegen.

Der Augenblick enthält die Lösung

Anstatt Vergangenheit und Zukunft zur Quelle von Sorgen werden zu lassen, können Sie sie als Quelle der Kraft nutzen. Zum Beispiel bei der Suche nach Lösungen für ein Problem, das Sie bedrückt, oder eine Schwierigkeit, mit

der Sie sich gerade konfrontiert sehen und die Sie in Ihrer Entwicklung zu hemmen scheint. Dazu nutzen Sie die Reise in die Lösungszeit und die »Wunderfrage«:
Wählen Sie ein Problem, das Sie aktuell gerne lösen würden. Dann beantworten Sie sich nacheinander folgende Fragen und notieren sich Stichpunkte.

1. Woran würden Sie merken, dass Ihr Problem gelöst ist? Beschreiben Sie, wie Sie sich dann fühlen, was Sie dann vielleicht tun werden und was dann anstelle des Problems in Ihrem Leben wäre. Vermeiden Sie dabei jedoch Erwartungen, die darauf abzielen, dass andere Menschen sich ändern. Wenn Sie zum Beispiel Streit mit Ihrem Partner haben, dann sollte hier nicht stehen »Dann würde XY sich genau so verhalten, wie ich mir das wünsche«, sondern eher »Dann könnte ich leichter auf XY zugehen, um mich mit ihm zu versöhnen«.

....

....

....

....

2. Dann lesen Sie bitte folgenden Text. Am besten ist es, wenn Sie jemanden bitten, ihn vorzulesen: »Stellen Sie sich vor, es ist Abend, und Sie haben alles, was Sie an diesem Tag zu erledigen hatten, erledigt, und Sie sind müde. Sie legen sich ins Bett und schlafen ein. Angenommen, in dieser Nacht geschieht ein Wunder, und das Wunder besteht darin, dass alle Probleme, die Sie genannt haben, auf einen Schlag gelöst sind, einfach so. Und wenn Sie dann morgens aufwachen und Ihnen niemand sagt, dass das Wunder geschehen ist – woran könnten Sie erkennen, dass es tatsächlich eingetreten ist?« Nehmen Sie sich nun noch einmal Zeit und notieren Sie sich in aller Ruhe, welche Gedanken, Gefühle und Handlungen auf Ihrem inneren Bildschirm auftauchen. Es ist wichtig, dass Sie sich auf das konzentrieren, was dann anders wäre, also auf den Zustand nach dem Wunder. Sollten Sie bemerken, dass Sie wieder in den Zustand vor dem Wunder abgleiten – den Zustand des Problems –, dann fragen Sie sich selbst: »Und jetzt, wo das Wunder geschehen ist, wie gehe ich damit um?«

....

....

....

....

3. Sie können noch tiefer in den Zustand der Lösung gelangen, wenn Sie sich weitere Fragen in Bezug auf die Zeit nach dem Wunder stellen: »Wer außer Ihnen bemerkt dieses Wunder?«

....

....

....

....

»Woran könnten Ihr Partner, Ihre Familie, Ihre Kollegen, Ihr Chef, Ihre Nachbarn merken, dass dieses Wunder geschehen ist?«

....

....

....

....

4. Nach dieser Reise in die Lösungszeit, begeben Sie sich gedanklich in die Vergangenheit. Dabei interessiert Sie besonders, wann Sie schon einmal diesem Zustand nach dem Wunder begegnet sind. Fragen Sie sich also: »Gab es schon einmal eine Zeit, in der so etwas wie das Wunder eingetreten ist? In welchen Situationen waren Sie dem Zustand nach dem Wunder schon einmal ganz nah?«

....

....

....

....

»Was war damals hilfreich? Wie haben Sie es damals geschafft, so nahe am Lösungszustand zu sein? Was haben Sie anders gemacht als heute?«

....

....

....

....

Auf diese Weise treten Sie in Kontakt mit Ihren Ressourcen, das heißt mit dem, was in Ihnen bereits angelegt ist und was Ihnen schon als Lösungshelfer vertraut ist. Und Sie entdecken, dass Sie die Kompetenz zur Lösung des anstehenden Problems schon längst in sich tragen – Sie müssen sie nur in der Gegenwart aktivieren.
Die Reise in die Lösungszeit lenkt Ihre Aufmerksamkeit vom Problem auf die Lösung und bringt Sie wieder in Kontakt mit Ihren Möglichkeiten. Der »Trick« besteht darin, die Lösung in der Zukunft vorstellbar zu machen und zu zeigen, dass bereits Teile der Lösung in der Vergangenheit

vorhanden waren – und das Ganze geschieht im Hier und Jetzt! Die Wunderfrage schließlich zeigt Ihnen, dass alles, was Sie zur Lösung Ihres Problems brauchen, in diesem Augenblick vorhanden ist und Sie es nur nutzen müssen.

Die Freude am Unvollkommenen

Wir sind es gewohnt, mit dem, was wir tun, fertig zu werden – in doppelter Hinsicht: Wir wollen die an uns gestellten Aufgaben erledigen, und zugleich wollen wir sie bewältigen. Sicherlich kennen Sie die berühmten To-do-Listen und vielleicht auch die zahllosen Varianten, wie man diese Listen erstellt und am besten zwischen Wichtigem und weniger Wichtigem unterscheidet. Und ist es nicht ein tolles Gefühl, wenn wir hinter einen solchen Punkt auf unserer To-do-Liste ein Häkchen setzen können? Diese Häkchen sind ein Beleg dafür, dass wir es geschafft haben und uns wieder einer Aufgabe entledigt haben – und uns rasch dem nächsten Tagesordnungspunkt zuwenden können. Wenn Sie gewohnt sind, sich solche Listen anzulegen, dann kennen Sie aber bestimmt auch die Unruhe, die sich einstellt, wenn man eine Sache nicht schafft und dadurch möglicherweise auch noch mit anderen To-dos in Verzug gerät. Mit etwas nicht fertig werden, etwas nicht abhaken und ad acta legen können – für viele identisch mit Versagen.
Wabi Sabi hat auch hier ein Gegenkonzept bereit, denn es geht davon aus, dass wir niemals mit etwas fertig werden. Vielmehr nähern wir uns einem bestimmten Ergebnis nur, so gut es eben geht, an. Vollständigkeit, Vollkom-

menheit, Reinheit – das sind keine Werte in einer Welt, die von Wabi-Sabi-Qualitäten geprägt ist. Wenn wir das anstreben, entfernen wir uns von dem, was Wabi Sabi ausmacht. Wabi Sabi betont nicht das Ergebnis, sondern den Prozess. Es geht darum, das, was wir tun, aus ganzem Herzen zu tun und zu genießen, und nicht damit fertig zu werden, so als ob wir es besiegen und uns mit den Häkchen der erledigten Dinge wie mit Trophäen schmücken könnten.

Wenn wir unsere Aufmerksamkeit auf die Prozesse richten und sehen, ob uns das, was wir tun und wie wir es tun, zufriedenstellt, werden wir das dem Ergebnis anmerken. In erster Linie werden wir feststellen, dass das, was wir mit dieser Wabi-Sabi-Haltung tun, einen höheren Grad an Individualität aufweist. Es bekommt durch unsere Hand etwas Einzigartiges. Und weil es einzigartig ist, wird es unvollkommen sein. Stellen Sie sich für einen Augenblick den vollkommenen, perfekten Kreis vor. Wie könnten Sie erkennen, wer ihn gezeichnet hat? Sie könnten es gar nicht erkennen, denn der perfekte Kreis enthält keine individuellen Merkmale. Individualität ist immer das Abweichen von Vollkommenheit. Perfektion ist das Endstadium der Entwicklung – danach kommt nichts mehr. Daher schließt Perfektion Veränderung und Entwicklung aus. Sie ist das Gegenteil von Leben.

Wabi Sabi orientiert sich am Leben selbst.
Nichts Lebendiges kann perfekt sein,
denn das würde bedeuten, dass es aufhört sich
zu entwickeln, dass es tot ist.

Heißt das aber nun, dass wir aufhören sollten, das, was wir tun, gut zu machen? Im Gegenteil. Wabi Sabi zeigt uns, wie wichtig es ist, die Dinge gut zu machen, doch es versteht unter »gut« nicht perfekt oder fertig, sondern individuell und entwicklungsfähig. Alles, was wir erreicht haben, ist nur ein vorübergehender Zustand. Wenn Leben Veränderung heißt, dann darf alles, was lebendig ist, Zeichen der Veränderung tragen: Spuren seiner Entstehung, Spuren des Alters und Spuren des Gebrauchs. Wabi Sabi bringt uns die Freude am Nicht-Vollkommenen zurück – und nimmt uns damit den Druck, alles bewahren zu müssen. Das beginnt bei den Gegenständen, mit denen wir uns umgeben und die wir vor Abnutzung schützen wollen, führt über unsere Wohnung, die immer wie aus dem Ei gepellt sein und stets dem neusten Designer-Trend folgen muss, bis hin zur Einstellung uns selbst gegenüber, wenn wir versuchen, einen immer gleichbleibenden Eindruck zu erwecken – und uns damit der in uns angelegten Vielfalt berauben.

Aus Schwächen werden Stärken

Wann haben Sie sich das letzte Mal so richtig unzulänglich gefühlt? Ich bin sicher, dass Sie nicht lange in Ihren Erinnerungen kramen müssen, um eine Situation zu finden, in der Sie mit sich selbst gehadert haben, weil Sie etwas wieder einmal nicht gekonnt oder geschafft haben. Sicherlich kennen Sie auch die inneren Monologe, in denen wir uns dann Vorwürfe machen, weil wir so sind, wie wir sind, und weil wir den an uns gestellten Ansprüchen nicht gerecht werden.

Aber hat man Ihnen auch schon gesagt, dass jeder Mangel im Grunde eine Fähigkeit ist? Dass sich hinter jedem Defizit eine Kompetenz verbirgt? Sie können es gleich selbst erleben, denn die folgende Übung zeigt Ihnen, dass gerade hinter Ihrer vermeintlich größten Schwäche Ihre größte Stärke liegen kann:

1. Notieren Sie bitte in einem ersten Schritt, welche Eigenschaften und Verhaltensweisen Sie an sich für verbesserungswürdig halten. Auch wenn ich nicht glaube, dass Sie Mühe haben werden, diese Liste zu füllen, sollten Sie mindestens fünf Punkte notieren.

....

....

....

....

2. Gehen Sie diese Liste noch einmal durch und schreiben hinter jede Eigenschaft und hinter jedes Verhalten, in welchem Maße Sie es für verbesserungswürdig halten. Vergeben Sie sich dazu Punkte: 10 Punkte für »Muss ich unbedingt verbessern« und 0 Punkte für »Kann eigentlich erst einmal so bleiben«. Für Abstufungen zwischen diesen beiden Extremen vergeben Sie entsprechend Punkte zwischen 0 und 10.

3. Wählen Sie nun die Eigenschaft oder Verhaltensweise aus, die Sie mit der höchsten Punktzahl belegt haben, und stellen Sie sich vor, Sie hätten diese Eigenschaft nicht. Was müssten Sie tun, um sie zu erlangen? Sie können sich auch vorstellen, wie Sie jemandem, der das genaue Gegenteil von Ihnen ist, erklären, wie er diese Eigenschaft oder dieses Verhalten erlernen kann. Ein Beispiel: Nehmen wir an, Sie empfinden Ihre Streitlust als eine Eigenschaft, die Sie dringend verbessern möchten. Wie könnten Sie jemandem, der völlig friedfertig ist, erklären, wie man so richtig streitlustig wird? Vielleicht weisen Sie ihn darauf hin, dass man dazu mutig sein muss, um sich seinem Gegner zu stellen. Man darf sich nicht einschüchtern lassen und sollte zusehen, die eigene Meinung durchzusetzen. Man muss auch seinen Gegner gut beobachten, um seine Schwächen ausfindig zu machen ... Und nun Ihre Eigenschaft:

....

....

....

....

4. Anschließend überlegen Sie: Was haben andere von Ihren Unzulänglichkeiten? Welchen Vorteil gestehen Sie anderen dadurch zu? Beispiel: Ihre Streitlust kann Bewegung in festgefahrene Diskussionen bringen. Durch Ihr provokantes Auftreten locken Sie andere aus der Reserve und regen sie an, sich eine eigene Meinung zu bilden. Neue Ideen können sich entwickeln, weil Sie dafür sorgen, dass sich niemand auf dem Status quo ausruht. Und nun wieder Sie:

....

....

....

....

5. Was schließen Sie daraus? Welches ist die gute Absicht, die Sie durch diese Unzulänglichkeit anderen und sich selbst gegenüber offenbaren? Was ist der gute Kern Ihrer

Schwäche? Beispiel: Die gute Absicht hinter Ihrer Streitlust ist, dass es Ihnen wichtig erscheint, Prozesse anzukurbeln und Stillstand entgegenzuwirken. Was ist die gute Absicht hinter der von Ihnen gewählten Eigenschaft/Verhaltensweise?

....

....

....

....

6. Können Sie sich Situationen vorstellen, in denen Ihre vermeintliche Schwäche sogar eine Stärke wäre? Beispiel: Ihre Streitlust ist überall da bestens aufgehoben, wo es darum geht, sich für eine gute Sache oder für andere, die sich weniger gut durchsetzen können, stark zu machen. Und unter welchen Umständen wird Ihr »Defizit« als Kompetenz sichtbar?

....

....

....

....

Wie geht es Ihnen jetzt mit Ihrer Unzulänglichkeit? Was hat diese Übung an Ihrer Selbsteinschätzung verändert? Wenn Sie wollen, können Sie diese Schritte nun auf weitere der von Ihnen aufgelisteten Defizite anwenden.

Haiku – Poesie gewordenes Wabi Sabi

Die Schönheit des Augenblicks auf Wabi-Sabi-Art zu entdecken ist etwas, das Sie wieder lernen können. Die japanische Kultur hat viele Wege entwickelt, um Wabi Sabi zur Kunst zu erheben – die Raku-Technik in der Keramik, die Blumenkunst des Ikebana oder die Zeremonien des Teewegs. Eine ganz besondere Form ist die des Haiku. Ein Haiku ist ein kurzes Gedicht, in dem das Wabi Sabi eines Augenblicks auf poetische Weise festgehalten wird, wobei Inhalt und Form bestimmten Regeln folgen.

Wenn ich Ihnen nun vorschlage, Ihre Sinne und Ihre Intuition für Wabi Sabi zu schärfen, indem Sie sich in der Kunst des Haiku üben, dann erwarte ich nicht, dass Sie auf Anhieb große dichterische Leistungen vollbringen. Und doch kann Haiku Ihnen helfen, die Kostbarkeit des Augenblicks, seine Einzigartigkeit zu erfassen. Ein Haiku konzentriert sich auf eine Begebenheit so, als ob wir etwas unter einem Mikroskop betrachten: Es bringt uns dem Gegenstand unserer Beobachtung ganz nahe und lässt die Distanz zwischen dem Beobachter und dem Beobachteten verschwinden. Haikus handeln nicht von persönlichen Empfindungen und Befindlichkeiten, basieren aber sehr wohl auf individuellen Erfahrungen. Im Haiku verdichtet sich die Beobachtung einer äußeren Erfahrung auf das Wesentliche.

Am Anfang eines Haiku steht der »Haiku-Augenblick« – etwas, das mir tatsächlich widerfährt, eine unmittelbare Erfahrung in der Außenwelt. Ein Haiku-Augenblick ist gekennzeichnet durch die Gegenwart von Wabi Sabi: Er weckt Sehnsucht. Der typische Aufbau und der Stil eines

Haiku erlauben es dem Dichter, diese Erfahrung in wenigen Zeilen wiederzugeben, und zwar so, dass das Haiku dieses Empfinden von Wabi Sabi wieder hervorrufen kann.

Haiku-Augenblicke

Haiku-Augenblicke können Ihnen zu jeder Zeit und überall begegnen: in der Abgeschiedenheit der Natur ebenso wie mitten in der Stadt in der überfüllten Fußgängerzone. Es gibt zwar kein Patentrezept, wie man solcher Haiku-Momente gewahr werden kann, aber jeder von uns kann sie erkennen: Sie tauchen plötzlich auf, ziehen unsere Aufmerksamkeit auf sich und erwecken in uns spontane Freude, Wehmut oder Staunen. Wenn Sie es sich erst einmal zur Gewohnheit gemacht haben, auf diese Augenblicke bewusst zu achten, werden Sie sie immer leichter und immer öfter unter dem Deckmantel des Alltäglichen hervorlugen sehen.
Ein weiteres typisches Merkmal: Sie möchten das, was Sie wahrgenommen haben, mit anderen teilen, möchten es erzählen, es aufschreiben. Und wenn Sie diesem Bedürfnis nachgeben, dann haben Sie den ersten Schritt getan, um ein Haiku zu schreiben.

In einem Haiku wird der Augenblick in der Länge eines Atemzugs, eines Wimpernschlags, eines fliegenden Funken eingefangen. Diese Kürze ist keine Zusammenfassung dessen, was man gesehen hat, sondern sie vermittelt ein schlichtes, prägnantes Bild, wobei es dem Leser überlassen bleibt, eine Bedeutung darin zu finden. Das Haiku selbst hat keine.

Die Form des Haiku

In der Tradition folgt ein Haiku bestimmten Regeln, die es von allen anderen Gedichten unterscheiden. Doch als Kunstform ist auch es dem Wandel und der künstlerischen Freiheit unterworfen, so dass Sie viele Abweichungen von dieser traditionellen Form finden können. Dennoch kann Ihnen gerade am Anfang das konsequente Befolgen der wichtigsten Regeln, wie sie von den Haijin, den Haiku-Dichtern, überliefert wurden, helfen, einen ersten Zugang zu dieser Dichtkunst zu finden. Sie gibt Ihren Gedanken und Bildern eine Gestalt, die auf der Erfahrung langer Zeiten beruht und die ein besonders geeignetes Gefäß zu sein scheint, um das Wabi Sabi eines Haiku-Augenblicks einzufangen. Diese Regeln lauten:

- Ein Haiku besteht aus drei Zeilen.
- Die erste Zeile hat fünf Silben, die zweite sieben, die dritte wieder fünf Silben – insgesamt hat ein Haiku also 17 Silben.
- Es ist immer ein Bezug zu den Jahreszeiten und zur Natur enthalten.
- Der Autor wird nicht einbezogen.
- Es wird in der Gegenwart geschrieben.
- Es gibt eine besondere Wendung in der Wahrnehmung, etwas, das im Unterschied zur gewöhnlichen Betrachtung das Besondere des Augenblicks einfängt.

Ein Beispiel: Während der Arbeit an diesem Buch saß ich im Sommer an meinem Schreibtisch und war vertieft in meine Gedanken zum Thema. Währenddessen war der Abend hereingebrochen. Einem unwillkürlichen Impuls folgend blickte ich auf und sah aus dem offenen Fenster. Dort schob sich ge-

rade der aufgehende Halbmond über das Dach des Nachbarhauses. Dieser Anblick faszinierte mich, und für einen Moment vergaß ich meine Gedanken und war ganz leer.
Dieser Augenblick bietet inhaltlich alles, was wir für ein Haiku benötigen. Nun müssen wir ihm noch die Form eines Haiku geben. Der erste Schritt wird sein, alle persönlichen Bezüge zu entfernen und den Augenblick in die Gegenwart zu heben – die erste Verdichtung:

Der Abend bricht an und durch das Fenster wird plötzlich der aufgehende Halbmond über dem Dach des Nachbarhauses sichtbar.

Dann folgt die Versform (fünf – sieben – fünf). Ein Bezug zur Natur und zur Jahreszeit sollte ebenfalls enthalten sein. Das könnte dann beispielsweise so aussehen:

Sommerabend,
übers Dach steigt hell der Mond
halbvoll, dann Stille

In diesem Haiku ist alles – der Sommer, die Stimmung des Abends, der Mond am Himmel. Wie es dem Betrachter beim Anblick des aufsteigendes Mondes erging, was diesen Augenblick für ihn so kostbar machte, erfährt der Leser/Zuhörer in der letzten Zeile: die plötzlich eintretende Stille. Diese Stille kann eine äußere Stille sein, so als ob die Geräusche der Umwelt mit einem Male verstummt sind. Doch in dem Wort Stille steckt auch der innere Zustand, der innere Still-Stand, das Innehalten angesichts des sich darbietenden Bildes.

Das Schreiben von Haikus bringt uns mit dem Wabi Sabi des Augenblicks in Verbindung. Wir üben uns darin, das Wesentliche in einer Erfahrung zu erkennen und es auszudrücken. Indem wir sie aufschreiben, können wir diese Momente mit anderen teilen. Es ist daher besonders interessant, eigene Haikus anderen vorzulesen, um zu sehen, was sie bei ihnen auslösen. Ein gutes Haiku kann man vor allen Dingen auch daran erkennen, dass das, was es bei seinem Leser oder Zuhörer auslöst, nicht vorhergesagt werden kann, sondern ebenso individuell im Erleben bleibt wie der Augenblick, auf dem das Haiku basiert.

Haikus, die inspirieren

Die folgende Auswahl an Haikus ist zu Ihrer Inspiration und zur Meditation gedacht. Es sind Übertragungen von Gedichten berühmter japanischer Haiku-Künstler.

Viel Schnee vorm Haustor –
Wie lange schlief ich da wohl
Am Neujahrstage?
Fura

Vom seichten Flusse
Im Dunkelgrün des Wassers
Ein erster Schimmer
Getto

Des Frühlings Nahen:
Ein namenloser Hügel
Im leichten Nebel
Basho

Sie pflücken, fällt schwer,
Und sie nicht pflücken, fällt schwer,
Die kleinen Veilchen!
Nao-jo

Bei jedem Windhauch
Setzt sich der Falter anders
Dort auf der Weide
Basho

Sogar am Grabe
Des alten Räubers wuchert
Das Gras des Sommers
Onitsura

Am Himbeerstrauche
Die Blüten runzlig werden
In bleicher Schönheit
Seison

Wie herrlich, herrlich:
Im Düster der Bäume selbst
Die Sonnenstrahlen!
Basho

Wie angezündet
Im Feuerwerk dort hinten
Die Fischerboote!
Buson

Das dürre Schilfrohr
Wird Tag für Tag gebrochen
Und fortgetrieben.
Ranko

Oh, welche Stille:
Das welke Herbstlaub durcheilt
Ein Vogelrascheln
Ryushi

Wabi Sabi und der Teeweg

Die Prinzipien des Wabi Sabi fußen auf den Vorstellungen von Einfachheit und Natürlichkeit, wie sie als zentrale Werte im Taoismus und im Zen-Buddhismus zu finden sind, verbunden mit der typischen melancholischen, von Einsamkeit geprägten Atmosphäre.

Wabi Sabi – eine Gegenbewegung

Wabi Sabi ist seinen Ursprüngen nach eine Sicht der Welt, die sich von Anfang an als Gegenbewegung zum Etablierten und Konventionellen verstand. Im 16. Jahrhundert erreichte Wabi Sabi seinen Höhepunkt als Gegenprinzip zum Prunk, Pomp und der Perfektion Chinas. Es setzte sich bewusst in Kontrast zu der überbordenden Ornamentik, die dort zur damaligen Zeit als Zeichen von Wohlstand und Schönheit galt. In Wabi Sabi manifestierte sich die Abkehr von diesen Schönheitsidealen hin zu einer Verehrung des Natürlichen und Unvollkommenen, bei der auf jede Verzierung, die nicht natürlicher Bestandteil eines Gegenstands ist, verzichtet wird. Schon damals pflegte Wabi Sabi eine Liebe zu allem Ungewöhnlichen und Besonderen, weil es als Merkmal des Natürlichen im Gegensatz zur kalten perfekten Glätte der Kultur betrachtet wurde.
Die Ursprünge dieser Philosophie liegen jedoch bis heute im Dunkeln. Erste Ideen tauchten vermutlich in der Male-

rei des 11. und 12. Jahrhunderts auf. Besonders interessant sind in diesem Zusammenhang die chinesischen Zen-Mönche. Sie schufen in wilder Ekstase Gemälde binnen weniger Minuten, weshalb sie von den etablierten Größen der Kunstakademie verächtlich als »Trunkenbolde« bezeichnet wurden. Hier zeigt sich aber, wie sehr die Philosophie des Zen, die übrigens eine wichtige Rolle bei der Überlieferung der Werte von Wabi Sabi spielt, sich als unabhängige Denkrichtung verstand, die eine andere Sichtweise der Welt suchte – eine, die nicht von den Normen der Kultur und der Gesellschaft geprägt wird, sondern sich vielmehr aus der individuellen Betrachtung des Einzelnen ergibt.

In Japan waren es ebenfalls die Zen-Klöster, die den entscheidenden Impuls für eine Hinwendung zur Schönheit des Besonderen im Alltäglichen gaben und aufrechterhielten. Vielleicht war dies dem Umstand geschuldet, dass die Klöster kaum Geld hatten. Die Mönche mussten sich bei der Bewirtung ihrer Gäste mit dem begnügen, was sie gerade zur Hand hatten, legten aber trotzdem Wert darauf, eine ästhetische Atmosphäre zu schaffen. Natürliche Accessoires wie Blüten, Bambus, Steine und Holz dienten als Ersatz für feines und teures chinesisches Porzellan.

Möglicherweise liegt hier der Ursprung der typischen Weltanschauung des Wabi Sabi, in der das Vergängliche dem Dauerhaften und das Schlichte dem Luxuriösen vorgezogen wird. Die Schönheit der Dinge beruhte nicht mehr auf ihrem augenscheinlichen Wert, sondern auf dem Detail, der Nuance, der feinen Abweichung vom Idealmaß, wie sie die Natur hervorbringt. Ein Riss in einem Becher, die unregelmäßige Maserung eines Holzlöffels, die abge-

nutzte Oberfläche eines Schemels, die rasch dahinwelkenden Blüten des Kirschbaumes – in diesen Dingen fand der Betrachter Wabi Sabi. Zugleich wurden sie zum Symbol der Vergänglichkeit und fortwährenden Wandlung alles Lebendigen: Alles vergeht, nichts bleibt bestehen.
In der Folge versuchte man ganz bewusst Gegenstände zu schaffen, die dieses Wabi Sabi besaßen, um dem Betrachter die Gelegenheit zu geben, sich in ein anderes Bewusstseinsniveau zu versetzen. So entstanden viele wichtige kontemplative Künste, allen voran der Teeweg, der zum Inbegriff einer von Wabi Sabi geprägten Kultur wurde und heute noch ist.

Der Teeweg und seine Entwicklung

Es ist fast nicht möglich, von Wabi Sabi zu sprechen, ohne den Teeweg wenigstens zu streifen. So fest sind beide Begriffe in der Kulturgeschichte verwoben. Man könnte mit Fug und Recht sagen, dass im »sadô« oder »chadô«, wie der Teeweg im Japanischen genannt wird, Wabi Sabi die höchste künstlerische Blüte erlangt hat und noch heute in seiner tiefsten Bedeutung erfahren werden kann.

In der Teekunst verbinden sich alle Aspekte der japanischen Kultur unter der Stimmung von Wabi Sabi zu einer einzigartigen Kunstform. Sie verschmelzen zu einem Gesamtkunstwerk, das nicht nur einen ästhetischen Genuss darstellt, sondern Teilnehmende wie Ausführende in stille Betrachtung der Wirklichkeit versenkt.

Die Ursprünge des Teeweges finden wir im chinesischen Buddhismus des 12. Jahrhunderts, als sich Mönche versammelten, um in der Gegenwart Buddhas, dargestellt durch ein Bildnis oder eine Statue, auf rituelle Weise Tee zu trinken. Zusammen mit dem Zen-Buddhismus fand auch der Teeweg nach Japan, wo er eine eigene, ganz typische Ausprägung erfuhr. Es war in erster Linie der Adel, der sich dem Kult um dieses Getränk widmete und wesentlich zu einer Verfeinerung der Riten rund um die Zeremonie beitrug. Die spirituelle Idee ging dabei nach und nach verloren, und immer mehr stand der Teegenuss als Zeitvertreib in eleganter Atmosphäre im Vordergrund, mit dem man sich gegenüber Gästen zu profilieren versuchte. Der Teeweg wurde zur elitären Mode. Vielleicht kann man den Besuch des Teeraums am besten mit heutigen Golfclubs vergleichen, in denen sich ein ausgewähltes und betuchtes Publikum trifft, um Kontakte zu knüpfen und Geschäfte anzubahnen.

Im 15. Jahrhundert erfuhr der Teeweg durch den Zen-Mönch Ikkyû eine erste Wende. Dieser war für seine Schalkhaftigkeit berühmt und erregte durch sein exzentrisches Verhalten immer wieder Aufmerksamkeit, zum Beispiel indem er sich mit einer für einen Mönch eher ungewöhnlichen Hingabe den sinnlichen Freuden des Lebens widmete. Überhaupt erwies sich Ikkyû als Persönlichkeit, die sich nur ungern Konventionen und Vorschriften unterwarf. So war er mit der Erste, der die damals gängigen Regeln der Teepraxis hinterfragte und eine Abwendung von Prunk und Pomp forderte. Unter seinem Einfluss wurde die Teezeremonie zu einer spirituellen Zusammenkunft von Menschen, die Meditation suchten und sich in

die Betrachtung von Schönheit und Vergänglichkeit des Lebens versenken wollten. Der Teeweg sollte Wabi Sabi sein.
Sein Schüler Murata Shukô setzte diesen Impuls fort und verlegte als Erster die Zeremonie in einen kleinen Teeraum, um die Aufmerksamkeit vom Großen und Prachtvollen hin zum Einfachen und Persönlichen in der Begegnung der Menschen zu lenken. Anstelle von luxuriösen Gegenständen bevorzugte er schlichte Utensilien aus der Produktion heimischer Handwerker. Einer seiner Schüler war Takeno Jo-o, der wiederum Sen no Rikyû in der Kunst des Teeweges unterwies, von dem gesagt wird, dass er die Idee des Wabi Sabi im »sadô« zur Vollendung brachte. Der Einfluss dieses Zen-Mönchs aus dem 16. Jahrhundert wird so hoch eingeschätzt, dass er heute als der Vater des Teeweges gilt.
Rikyû suchte und fand die Materialien für die Gegenstände der von ihm geleiteten Teezeremonien oft bei Ausflügen in die Natur oder in Bauernhäusern. Später ließ er Geräte mit entsprechendem Wabi Sabi auch von Handwerkern anfertigen und stellte sie in ihrem Wert über den der chinesischen Kunstgegenstände. Das von ihm entworfene Teehaus glich einer Bauernhütte und befand sich abseits der Räume des alltäglichen Lebens in einem entlegenen Winkel des Gartens. Es war gerade einmal vier Quadratmeter groß und bestand aus einfachen, unbehandelten Materialien: rotem Lehm, Schilf, Bambus sowie viel Holz. Durch Rikyû wurde Wabi Sabi im Teeweg zu einem festen Bestandteil der ästhetischen und spirituellen Tradition Japans.

Im Schoß des Teehauses

Was genau geschieht nun in einer Teezeremonie? Da sie eine vielschichtige Erfahrung ist, können an dieser Stelle nur die Kernpunkte des Rituals herausgestellt werden. Wichtiger als alle Details des Ablaufs zu kennen ist jedoch, eine Ahnung davon zu bekommen, wie diese Zeremonie den Menschen, die an ihr teilnehmen, zu einer anderen Perspektive auf die Welt und das eigene Leben verhilft.

Zunächst lädt der Teemeister eine kleine Gruppe von Personen ein, wobei er darauf achtet, dass die Mischung der Gäste ausgewogen ist. Das Datum der Zeremonie steht nicht selten unter einem gerade aktuellen jahreszeitlichen Motto wie dem Herbstbeginn, der Kirschblüte oder dem Wintereinbruch.

Bevor der Teemeister seine Gäste bittet, den Teeraum zu betreten, lässt er sie in einem anderen Raum warten, wo sie sich ein wenig kennenlernen können. Den Teeraum selbst reinigt er sorgfältig und dekoriert ihn. Dann gibt er seinen Gästen ein Zeichen, dass sie eintreten können. Dabei durchqueren sie meist einen Garten auf Trittsteinen, die zuvor mit Wasser besprengt wurden, um sie durch diesen symbolischen Regen oder Tau zu reinigen. Der Anblick der kunstvoll angelegten Landschaft soll sie in eine angemessene geistige Stimmung versetzen, in der es ihnen möglich ist, den Lärm des Alltags hinter sich zu lassen und sich ganz der Verbindung mit dem Tee zu widmen.

Vor dem Teehaus entledigen sich die Gäste ihrer Schuhe, ziehen typisch japanische weiße Socken an und waschen sich Hände, Gesicht und Mund, um sich vom Staub der Welt zu befreien und symbolisch die Sprache zu reinigen.

Waffen und andere Gerätschaften werden ebenfalls zurückgelassen. Durch eine niedrige Eingangstüre treten die Gäste in den Teeraum. Ausgewähltes Räucherwerk, schlichte Blumenarrangements und eine Bildrolle mit einer Kalligraphie, in der sich das Thema der Zusammenkunft spiegelt, schaffen eine besinnliche Atmosphäre. Mehr Ornamente gibt es nicht.

Dann nehmen die Teilnehmer Platz, und der Teemeister beginnt, Speisen und Getränke zu servieren, wobei er einer genau einstudierten Choreographie folgt – fast wie ein Tanz der Hände, der jahrelanges Training erfordert. Die Gäste beobachten den Teemeister bei seinen hochkonzentrierten Bewegungen, die er mit größter Aufmerksamkeit vollzieht, und geraten dabei in leichte Trancezustände. Im Schoß des Teehauses und in Gegenwart des Teemeisters vergessen sie den Alltag völlig und finden sich ganz im Hier und Jetzt ein.

Der Tee wird frisch über offenem Feuer zubereitet. In den dazu verwendeten Gerätschaften sind die fünf taoistischen Elemente Holz, Feuer, Erde, Metall und Wasser vertreten. Traditionell wird der Tee aus Teepulver und mit Hilfe eines Teebesens zubereitet. Die Gäste trinken, unter Einhaltung der festgelegten Regeln und entsprechenden Rituale, gemeinsam den Tee aus einer Schale. Die gesamte Zeremonie wird schweigend und mit angemessenem, feierlichem Ernst begangen.

Tee für Freunde

Da der Teeweg uns so viel Wabi-Sabi-Gefühl vermittelt und wir auf diese Weise ein wenig von dem, was Wabi Sabi für uns bedeutet, weitergeben können, bietet es sich an, für unsere Freunde eine Abwandlung des ursprünglichen Rituals abzuhalten. Eine detaillierte Anleitung, wie Sie dabei vorgehen sollen, wäre jedoch nur wenig hilfreich. Studieren Sie deshalb lieber die vorangegangene kurze Beschreibung der Teezeremonie und überlegen Sie, wie Sie diese am besten auf Ihre Verhältnisse ummünzen können. Vielleicht richten Sie einen Raum, zum Beispiel Ihr Esszimmer, speziell für das Teetrinken und die Speisen ein, während Sie für Ihre Gäste im Wohnzimmer einen Wartebereich schaffen. Bieten Sie auch Schüsseln mit klarem Wasser an, damit sich Ihre Gäste die Hände waschen können. Da es heute eher unüblich ist, Schwerter und andere Waffen mit sich herumzutragen, bitten Sie doch einfach Ihre Gäste, sich von den typischen Utensilien der Zivilisation zu befreien – von Handys, MP3-Playern, Autoschlüsseln, Schmuck und Armbanduhren, bevor sie den Teeraum betreten. Sie können auch den Eingang zum Teeraum mit einem Vorhang versehen, um so den Eindruck einer anderen Welt abseits des Alltäglichen zu verstärken.
Achten Sie bei der Dekoration darauf, dass Sie schlicht ausfällt: eine Blume, ein Bild und ein Objekt, das natürlich Wabi-Sabi-Qualitäten aufweisen sollte. Dies kann beispielsweise ein Stück Holz, ein altes Buch oder ein Krug mit feinen Rissen in der Glasur sein. Lenken Sie die Aufmerksamkeit auf diese drei Dinge, indem Sie sie gesondert beleuchten. Stellen Sie sie aber nicht in den Mittelpunkt,

sondern plazieren Sie die Gegenstände eher am Rande der Szenerie.
Die Teeräume sind in der Regel klein angelegt, um eine private Nähe zwischen den Teilnehmern zu schaffen. Eine ähnliche Stimmung kann man mit Paravents erzeugen, mit deren Hilfe Sie einen kleinen Bereich Ihres Wohnraums abtrennen. Am besten ist, wenn Sie Ihren Freunden einen Platz auf dem Boden anbieten, zum Beispiel auf japanischen Schilfkissen. Aber jedes andere bequeme Kissen tut es natürlich auch. Üblicherweise sitzen die Beiwohner der Teezeremonie die ganze Zeit im Fersensitz, doch in dieser abgewandelten Version der Teezeremonie können Sie es Ihren Gästen auch bequemer einrichten, da das einiger Gewöhnung bedarf. Den Boden können Sie mit Tatamis auslegen, das sind typisch japanische Matten aus Reisstroh und Binsen, die zumeist mit farbiger Baumwolle eingefasst sind.
Schaffen Sie über die Beleuchtung eine gedämpfte, intime Atmosphäre, und lassen Sie den Rest des Zimmers in den Hintergrund treten. Die Wabi-Sabi-Stimmung unterstreichen Sie, indem Sie Räucherwerk entzünden. Verwenden Sie aber nur feinste japanische Räucherstäbchen und bevorzugen Sie solche mit einer erdigen, dunklen Duftnote.
Im Gegensatz zur originalen Teezeremonie empfiehlt es sich in aller Regel nicht, den Tee frisch vor den Augen Ihrer Gäste zuzubereiten. Aber Sie können ihn auf einem Stövchen über einem Teelicht warm halten, so dass das Element Feuer ebenfalls präsent ist. Servieren Sie das Geschirr auf einem Holz- oder Bambustablett, vielleicht auf einem niedrigen Tischchen.
Reichen Sie vor dem Tee eine leichte Suppe in kleinen

Holz-Schälchen, zum Beispiel eine Misu-Suppe. Natürlich können Sie auch weitere Gerichte servieren, vielleicht etwas Reisgebäck oder sogar ein kleines Gericht aus Fisch und Gemüse. Achten Sie nur darauf, dass es keine üppige Mahlzeit wird, sondern eher kleine Gaumenfreuden bietet. Das Essen als solches sollte nicht im Vordergrund stehen, sondern den Geschmackssinn auf subtile Weise anregen, so wie das Ambiente die übrigen Sinne sanft stimuliert.

Besonders schön ist es selbstverständlich, wenn Sie Geschirr verwenden, das den Merkmalen des Wabi Sabi entspricht: Tongefäße, Steingut, einfache Keramik, handgefertigte Teller, Becher und Tassen, die sich alle leicht in Form und Farbe unterscheiden.

Den Tee servieren Sie zum Schluss. Am besten lassen Sie sich in einem Fachgeschäft beraten oder Sie gehen schon mit einem Ihrer Freunde am Vortag einen besonderen Tee aussuchen. Vielleicht lassen Sie dann auch wie in der originalen Teezeremonie einen Becher die Runde machen. Aber Sie können natürlich auch hier abweichen und jedem Gast seine eigene Tasse kredenzen. Wichtig ist nur, dass Sie als Gastgeber den Tee jedem einzelnen Ihrer Freunde mit großer Aufmerksamkeit einschenken. Nutzen Sie diesen Moment, um sich ganz auf Ihr Gegenüber einzulassen und sich mit ihm für einen Augenblick auf der Ebene des Herzens zu verbinden. Spüren Sie einfach nach, was Sie von Ihrem Freund oder Ihrer Freundin bekommen haben, und geben Sie ihr oder ihm mit dieser Geste des Teeausschenkens etwas von sich zurück.

Grundsätzlich wird bei Teezeremonien abgesehen von wenigen rituellen Fragen und Antworten nicht gesprochen. Das ist für uns westliche Menschen oft die schwierigste Übung, weil wir das Zusammentreffen mit unseren Freunden oft als Anlass für ausgiebige Kommunikation verstehen. Doch die Stimmung von Wabi Sabi erlaubt Ihnen den Kontakt zu Ihren Freunden auf einer anderen Ebene als der des Wortes: Hier fühlen Sie sich mit ihnen auf engem Raum verbunden. Überflüssiges Reden kann dieses Gefühl von wortloser Vertrautheit stören und Barrieren schaffen. Vielleicht sorgen Sie für eine gedämpfte Unterhaltung, die sich in ihren Themen abseits von Klatsch und Tratsch und Tagespolitik bewegt. Sie können beispielsweise etwas Persönliches von sich erzählen, etwas, das von Herzen kommt und das Sie gerne mit Ihren Freunden teilen möchten. Vielleicht zitieren Sie ein paar selbst verfasste Haikus oder lesen eine Stelle aus einem Buch vor, das Sie gerade bewegt. Sie können Ihre Freunde dazu motivieren, selbst etwas in dieser Art beizutragen: ein Gedicht, ein Gedanke, ein Gefühl. Sie können durch diese besondere Art und Weise, Aufmerksamkeit zu schenken, Ihre Wertschätzung ausdrücken, indem Sie ihnen einfach nur zuhören und sich ganz auf sie einlassen. Sie werden merken, dass Ihre Haltung als Gastgeber auch die Art und Weise des Gesprächs bestimmen wird.

Bei allem, was Sie in diesen Stunden, die Sie auf Wabi-Sabi-Art mit Ihren Freunden verbringen, tun, spüren Sie dem Tee nach. Fühlen Sie, wie sein flüchtiges Aroma Sie alle als Freunde zusammenbringt, um einen kostbaren, aber vergänglichen Augenblick miteinander zu verbringen und zu teilen.

Der Wabi-Sabi-Weg zur Veränderung

Wenn Sie die Schönheit des Augenblicks wieder entdecken, wenn Sie Ihre Einzigartigkeit wieder spüren und sich über die Unvollkommenheit des Lebens wieder freuen können, dann sind Sie auf dem besten Weg, Ihrem Leben mehr Wabi Sabi zu geben. Vieles in Ihrem Leben kann dadurch einfacher werden. Aber bietet Wabi Sabi Patentlösungen für alle Probleme? An dieser Stelle ist wohl ein Wort zum Thema »Einfachheit« angebracht.

Es liegt im Trend unserer Zeit, das Leben immer mehr zu vereinfachen. Dabei handelt es sich um eine verständliche Gegenbewegung zu der immer komplexer werdenden Welt mit ihren hohen Anforderungen an die Kapazitäten des Menschen. Noch nie mussten wir tagtäglich so viele Informationen verarbeiten, um unser Leben führen zu können. Und genau an diesem Punkt knüpft die »Simplify«-Bewegung an. Sie gibt Ratschläge, wie wir unseren Alltag zu Hause, im Büro, in der Partnerschaft und in der Familie vereinfachen können. Diese können helfen – oder auch nicht. Das Problem dabei ist, dass es sich um eine Sammlung nützlicher Tipps handelt, die sich auf ihre Weise durchaus bewährt haben, aber keine individuellen Lösungen sind. Was für mich funktioniert, mag sich für Sie als wenig hilfreich erweisen. Dieser Trend suggeriert aber, dass unsere Leben sich im Grunde alle gleichen und dass die Ratschläge deshalb für alle gelten.

Wabi Sabi versteht unter Einfachheit etwas anderes. Es geht nicht darum, Ballast abzuwerfen, sondern sich auf das zu beschränken, was für jeden von uns ganz persönlich wichtig und unverzichtbar ist. Es geht darum, wieder in

Kontakt mit den eigenen Bedürfnissen zu kommen, und von dort aus zu entscheiden, was unwesentlich ist. Doch es geht nicht nur um die Frage, was ich bekommen möchte, wenn ich mich daranmache, mein Leben zu ändern, sondern auch, wie ich dies tue.

Der Wabi-Sabi-Weg der Veränderung ist nicht der Weg des großen neuen Lebensentwurfs, der von Ihnen verlangt, sich radikal von Ihrem bisherigen Leben abzuwenden. Wabi Sabi schätzt jede Nuance, jedes noch so winzige Detail einer Veränderung. Es sind die kleinen Veränderungen, die in der Summe den Wandel ausmachen. Darum müssen Sie auch nicht auf die perfekte Strategie warten, sondern können hier, jetzt und sofort damit beginnen – in diesem Augenblick.

Wabi Sabi für Ihr Leben

Wabi Sabi bedeutet, sich auf das Wesentliche zu konzentrieren. Es bedeutet, ganz Sie selbst zu sein, nicht mehr, aber auch nicht weniger. Nicht, was andere für richtig und wichtig halten, ist der Maßstab, sondern nur Ihre individuelle Persönlichkeit, also das, was Sie so unverwechselbar und einzigartig macht.

Was Sie wirklich brauchen

Stellen Sie sich vor, Sie hätten im Lotto gewonnen oder Sie hätten ein Millionenerbe angetreten. Welchen Wunsch würden Sie sich als Erstes erfüllen? Würden Sie ein Haus kaufen? Oder ein Auto und wenn ja welches? Oder würden Sie eine Weltreise machen? Oder sich gleich eine neue Existenz in einem anderen Land aufbauen? Was würden Sie mit so viel Geld anstellen?

Und angenommen, Sie hätten sich diesen Wunsch erfüllt. Was wäre dann? Welchen Wunsch würden Sie als Nächstes ins Visier nehmen? Und wenn dieser erfüllt wäre, was würden Sie dann tun? Können Sie sich vorstellen, dass es irgendwann genug ist? Und woran würden Sie das erkennen?

Mit jedem Wunsch, den wir uns erfüllen, glauben wir, dem, was wir Glück nennen, ein Stück näherzukommen. Vielleicht glauben wir sogar: Wenn ich jetzt noch dieses oder jenes hätte – dann wäre ich wirklich glücklich. Doch hinter jedem erfüllten Wunsch taucht schon der nächste auf. Eine endlose Kette. Buddhisten sind überzeugt davon, dass Glück nichts mit der Erfüllung unserer Wünsche zu tun hat. Eine radikal andere Haltung als die, die uns in der modernen Konsumgesellschaft angepriesen wird. Hier glauben wir, dass der Zustand von Zufriedenheit sich irgendwann einstellt, wenn wir nur genügend Mittel haben, um uns alles kaufen zu können, was wir uns wünschen. Die Folge: Wir wollen immer mehr haben.

Viele Wohnungen sind voll mit Gegenständen, die das belegen. Wir brauchen sie nicht wirklich, aber sie zeugen davon, dass wir sie uns leisten können. Sehen Sie sich doch einfach einmal um. Sie können sicher sein, dass Sie auch bei sich auf Anhieb zwei, drei solcher Dinge finden werden. Vielleicht der extragroße Flachbildfernseher mit entsprechender Heimkinoanlage? Die riesige Schuhsammlung? Die Küchenmaschine mit den tausend Zusatzfunktionen? Die schicke Designer-Couch? Die antike Vase? Das neuste Handy-Modell?

Es geht nicht darum, zu sagen, dass es verkehrt ist, sich ein wenig Luxus zu gönnen, sondern darum, die Wahrnehmung für das zu schärfen, was wir wirklich brauchen. Denn manchmal ist es uns gar nicht bewusst, dass vieles von dem, was wir besitzen, eigentlich verzichtbar wäre und durch einfachere und weniger aufwendige Dinge ersetzt werden könnte. Wir halten den Überfluss, in dem wir leben, für selbstverständlich. Dadurch erzeugen wir immer weitere Wünsche nach immer neueren Produkten.

Und da die Erfüllung von Wünschen das Versprechen in sich trägt, noch einen Schritt weiter in Richtung Zufriedenheit und Glück zu gelangen, werden wir empfänglich für einen Konsum, der weit über das hinausgeht, was wir tatsächlich brauchen. Wir werden abhängig von der Erfüllung von Wünschen. Zudem sind wir immer darauf bedacht, dass uns die Mittel nicht ausgehen, damit wir uns auch morgen noch unsere Wünsche erfüllen können. Das wiederum macht uns abhängig von der Arbeit, mit der wir unser Geld verdienen.

Buddhisten schlagen vor, sich aus diesem Kreislauf der Abhängigkeit zu verabschieden, indem wir lernen, nicht mehr zu verlangen, als wir wirklich brauchen. Wenn wir all das

haben, was wir benötigen, um gut für unser körperliches und seelisches Wohlergehen zu sorgen, sind wir frei von dem Zwang, immer mehr haben zu wollen – und damit frei vom Druck der Konsumgesellschaft. Reichtum und sinnliche Befriedigung stehen nicht mehr im Vordergrund, sondern die Suche nach einem einfachen und sinnerfüllten Leben. Wir jagen nicht mehr von einem provisorischen Glücksgefühl zum nächsten, sondern finden Zufriedenheit und inneren Frieden in uns selbst. Ein solches Leben könnten wir Wabi Sabi nennen.
Doch was wäre der erste Schritt in Richtung eines solchen Lebens? Wir müssten herausfinden, was wir wirklich brauchen – und das ist gar nicht so einfach. Aber zwischen all den Wünschen und Sehnsüchten, die uns die moderne Konsumgesellschaft mit medialer Macht einflüstert, gibt es sie: Ihre ureigenen und unverfälschten Bedürfnisse.

Die Suche nach dem Unverzichtbaren

Um zu wissen, worauf Sie verzichten können, müssen Sie sich zunächst Gedanken darüber machen, was Sie wirklich brauchen. Wie aber können Sie das herausfinden? Klar ist, dass es keine pauschale Antwort auf diese Frage geben kann. Was für den einen unabdingbar ist, erscheint einem anderen überflüssig. Was Sie wirklich brauchen, können nur Sie selbst entscheiden. Und dennoch gibt es so etwas wie Grundbedürfnisse, die uns Menschen gemeinsam sind. Wir teilen zum Beispiel das Bedürfnis nach Unabhängigkeit, nach Wissen, nach Nahrung und nach sozialem Kontakt: Niemand lässt sich gerne unterdrücken, niemand leidet gerne Hunger und keiner ist gerne einsam. Doch nicht bei allen Menschen sind diese Grundbedürfnisse gleich stark ausgeprägt. Während der eine sich gut über einen längeren Zeitraum mit sich selbst beschäftigen kann, bekommt ein anderer schon die Krise, wenn er auch nur fünf Minuten auf sich gestellt ist. Die einen lassen sich jeden Bissen auf der Zunge zergehen, während andere Essen als lästige Nahrungsaufnahme betrachten, die sie zwischen Tür und Angel erledigen. Und manche setzen das, was sie haben, nur allzu leichtfertig aufs Spiel, während wieder andere das Risiko scheuen und eifersüchtig über das wachen, was sie angesammelt haben.

Wir mögen mit allen Menschen bestimmte Grundbedürfnisse gemeinsam haben, doch individuell sind wir, weil jeder von uns anders mit diesen Bedürfnissen umgeht. Jeder findet etwas anderes wichtig und wird deshalb bei der Befriedigung seiner Bedürfnisse andere Prioritäten setzen, wenn er vor die Wahl gestellt wird: Soll ich jetzt meinem Hungergefühl nachgeben oder lieber das spannende Buch zu Ende lesen? Soll ich jetzt den vielversprechenden Auftrag annehmen oder mich lieber abmelden und auf die faule Haut legen? Jeder wird diese Fragen für sich allein und ganz individuell entscheiden, je nachdem, was ihm richtig und wichtig erscheint.

Sie können sich an dieser Stelle auch fragen, warum Sie sich in vielen Fällen dann doch gegen Ihr eigentliches Bedürfnis entscheiden – und vielleicht ertappen Sie sich dann dabei, wie Sie sich an den Wertmaßstäben, Wünschen und Anforderungen Ihrer Umwelt orientieren anstatt an Ihren eigenen: Sie nehmen das zusätzliche Projekt an, weil Sie wissen, dass von Ihnen mehr Engagement erwartet wird, obwohl Sie eigentlich nichts dringender bräuchten als eine Auszeit. Sie verzichten auf das leckere Eis, weil Sie fürchten, als verfressen zu gelten. Sie gehen auf die Party, obwohl Sie die Zeit lieber für sich hätten, weil Sie sonst als Spaßbremse gelten.

Immer dann, wenn wir gegen uns selbst vorgehen, verleugnen wir ein Stück unserer Individualität. Die Ideen des Wabi Sabi in unserem Leben können uns helfen, zu dieser Individualität zurückzufinden und sie wieder als Maßstab für unser Denken, Fühlen und Handeln einzusetzen.

In den folgenden Abschnitten stelle ich Ihnen das Persönlichkeits-Modell des amerikanischen Psychologen Steven Reiss vor. Er hat durch zahlreiche Befragungen und Tests herausgefunden, dass es 16 Grundbedürfnisse des Menschen gibt, die sich über die Jahrmillionen der Evolution herausgebildet haben und verhältnismäßig stabil in uns wirken. Doch bei jedem ist die Rangliste der Bedürfnisse eine andere. Indem Sie bestimmen, welche der Grundbedürfnisse für Sie besonders wichtig und welche weniger wichtig sind, erfahren Sie etwas darüber, was für Sie ganz persönlich wesentlich ist. Sie können sich so ein individuelles Profil Ihrer Grundbedürfnisse erstellen, das Ihnen hilft herauszufinden, worauf Sie am ehesten verzichten können, um Ihrem Leben mehr Wabi Sabi zu geben.
Sie werden feststellen: Wenn Sie Ihre individuellen Bedürfnisse zum Maßstab für Ihr Leben machen, werden Sie sich nicht nur von jeder Menge unnötigem Ballast mühelos

befreien können, Sie können künftig auch selbstbewusster darüber entscheiden, worauf Sie sich einlassen wollen und worauf nicht. Damit machen Sie sich unabhängiger von der Meinung anderer und von Ihren sozialen und kulturellen Schablonen, die Tag für Tag verlangen, sich ihnen anzupassen.

Die 16 Grundbedürfnisse des Menschen

Doch bevor Sie damit beginnen, Ihre persönliche Rangliste zu erstellen, hier ein Überblick über die von Steven Reiss gefundenen 16 Grundbedürfnisse des Menschen:

Grundbedürfnis	Beschreibung
Selbstbehauptung	Das Bedürfnis, sich gegen den Einfluss anderer durchzusetzen und andere zu beeinflussen.
Unabhängigkeit	Das Bedürfnis, auf sich selbst gestellt zu sein.
Neugier	Das Bedürfnis nach Informationen und Wissen. Der Wunsch, den Horizont zu erweitern.
Zugehörigkeit	Das Bedürfnis, von anderen akzeptiert zu werden.
Ordnung	Das Bedürfnis, sein Leben zu organisieren und seinen Platz in der Welt zu kennen.
Sicherheit	Das Bedürfnis, Dinge zu sammeln und etwas zu besitzen.

Grundbedürfnis	Beschreibung
Achtung	Das Bedürfnis, seinen Eltern, seinen Vorfahren und denjenigen gegenüber, denen wir uns verpflichtet fühlen, loyal zu sein.
Idealismus	Das Bedürfnis nach Verbesserung der bestehenden Umstände, insbesondere bezogen auf die soziale Gerechtigkeit.
Kontakt	Das Bedürfnis, sein Leben mit anderen Menschen zu teilen. Der Wunsch nach Beziehung und Miteinander.
Familie	Das Bedürfnis, Kinder zur Welt zu bringen und großzuziehen. Der Wunsch, Nachkommen zu haben.
Anerkennung	Das Bedürfnis, für die eigenen Leistungen gesellschaftlich geachtet zu werden.
Ausgleichende Gerechtigkeit	Das Bedürfnis, ein Gleichgewicht zwischen den eigenen Bedürfnissen und denen der anderen herzustellen.
Lust und Schönheit	Das Bedürfnis nach Sexualität, Schönheit und Kreativität. Der Wunsch, seine Persönlichkeit frei auszudrücken.
Leibliches Wohl	Das Bedürfnis, gut zu essen und gut zu trinken, nach Genuss und Sinnesfreuden.
Körperliche Aktivität	Das Bedürfnis, seine Muskeln einzusetzen und sich körperlich zu verausgaben.
Entspannung	Das Bedürfnis nach Besinnung und innerer Ruhe.

Schon beim ersten Durchlesen dürfte sich der eine oder andere Wiedererkennungseffekt eingestellt haben: Manche Begriffe werden Sie ansprechen, andere eher abstoßen, und wieder andere sagen Ihnen zunächst vielleicht gar nichts. Damit Sie sich ein genaueres Bild machen können, betrachten wir die einzelnen Bedürfnisse im Folgenden einmal etwas näher. Und am Ende jedes Abschnitts möchte ich Sie dazu einladen, darüber nachzudenken, wie Sie zu diesem Bedürfnis stehen – ob es für Sie wesentlich ist oder nicht.

Selbstbehauptung

Haben Sie schon einmal Tiere beobachtet, wie sie ihr Territorium gegenüber Artgenossen verteidigen? Katzen zum Beispiel sind Einzelgänger und teilen nicht gerne. Wenn sie sich um einen Lieblingsplatz streiten oder zur gleichen Zeit an denselben Futternapf wollen, können wir gut das Bedürfnis nach Selbstbehauptung studieren: es wird gefaucht und gekratzt, so lange, bis eine den Kürzeren zieht. Durch entsprechendes Dominanzverhalten zeigt jede der anderen, wer hier die Stärkere ist – und den Vortritt bekommt.

Auch wir Menschen möchten über Einfluss auf unsere Umwelt verfügen und uns anderen gegenüber durchsetzen. In jedem von uns schlummert der Drang, zu zeigen, wer das Sagen hat. Doch nicht jeder fühlt ihn in seinem Leben gleich stark. Mit der Befriedigung dieses Bedürfnisses erhalten wir das Gefühl, die Herausforderungen des Lebens zu meistern und das, was in uns steckt, zur Geltung zu bringen, so dass wir andere damit beeindrucken können.

Menschen, die ein starkes Bedürfnis nach Selbstbehauptung haben, empfinden große Genugtuung, wenn sie etwas erreicht haben. Und das umso mehr, wenn es im Vorfeld als schwierig angesehen wurde. Sie benötigen Herausforderungen, um mit sich selbst in Kontakt zu kommen, und wollen sich insbesondere in der Konfrontation mit anderen messen. Was auch immer sie tun, sie wollen etwas Herausragendes leisten, und je mehr Konkurrenten sie dabei abhängen, umso höher schätzen sie ihre Leistung ein. Egal, ob es darum geht, ein besonders guter Anwalt zu sein, ein Tennisturnier zu gewinnen oder den schönsten und gepflegtesten Garten im Ort zu haben.

Das Bedürfnis nach Selbstdurchsetzung geht häufig mit dem Wunsch und der Fähigkeit einher, die Führungsrolle zu übernehmen – nicht selten, weil sie einfach überzeugt davon sind, dass sie die Besten für den fraglichen Job oder die Aufgabe sind. Ist das Bedürfnis stärker als alle anderen, können Sie beobachten, wie sich der Wunsch nach Durchsetzung in einen Wunsch nach Macht über andere verwandelt. Ob zu Hause oder in der Arbeit: Diese Menschen werden versuchen, die Situationen unter Kontrolle zu bekommen. An ihnen kommt dann keiner mehr vorbei, sie wissen stets, wo es langgeht, und jedes Gespräch wird von ihnen beherrscht.

In der Regel aber werden die meisten Menschen, bei denen das Bedürfnis nach Selbstbehauptung eine große Rolle spielt, diesem nicht dauerhaft den Vorrang geben. Sie erkennen sie dann daran, dass sie einen sehr starken Willen aufbringen können und das, was sie sich vorgenommen haben, auch entschlossen zu Ende bringen.

Schätzen Sie nun bitte sich selbst ein. Ihr Bedürfnis nach Selbstbehauptung ist stark ausgeprägt, wenn Sie

- sich selbst als besonders ehrgeizig im Vergleich zu anderen Menschen bezeichnen würden;
- gerne die Führungsrolle übernehmen;
- an sich die Tendenz feststellen, in Gegenwart von anderen die Situation beherrschen zu wollen.

Ihr Bedürfnis nach Selbstbehauptung ist weniger stark, wenn Sie

- merklich weniger Ehrgeiz aufbringen als andere Menschen;
- von sich den Eindruck haben, sich in Gegenwart anderer eher unterzuordnen und im Hintergrund halten zu wollen.

Wenn Sie sich selbst weder in der einen noch in der anderen Richtung deutlich wiedererkennen oder sich nicht klar entscheiden können, weil Sie sich immer wieder unterschiedlich wahrnehmen, sollten Sie Ihr Bedürfnis nach Selbstbehauptung als eher durchschnittlich einschätzen.

Mein Bedürfnis nach Selbstbehauptung ist …

○ stark
○ schwach
☒ durchschnittlich

Unabhängigkeit

Für die meisten Lebewesen kommt der Augenblick, in dem sie die Wärme und Geborgenheit des Nestes verlassen und ihr eigenes Leben führen wollen: Vögel werden flügge, kleine Katzen verlassen die Obhut der Mutter, um die Welt zu erkunden, und wir Menschen werden erwachsen, grün-

den eigene Familien und lernen, für uns selbst zu sorgen. Hinter diesem Bedürfnis nach Unabhängigkeit steckt der Wunsch, bestehende Bande abzustreifen und eine eigenständige Persönlichkeit zu werden.
Menschen, denen dieses Bedürfnis besonders wichtig ist, verlassen sich am liebsten auf sich selbst. Verantwortung für andere übernehmen sie nur ungern. In der Regel kommen sie mit wenig bis keiner Unterstützung aus, egal ob es darum geht, sich beruflich weiterzuentwickeln und Karriere zu machen oder die Bewältigung ganz alltäglicher Situationen wie dem Führen eines Haushalts oder dem Ausfüllen der Steuererklärung. Bietet man ihnen Unterstützung an, kann es gut sein, dass man zunächst auf Ablehnung stößt. Unabhängige Menschen befürchten, dass sie ihre Freiheit verlieren, wenn sie Hilfe annehmen, denn dann entsteht möglicherweise so etwas wie eine Verpflichtung einem anderen gegenüber – und damit etwas, das sie an einen anderen Menschen bindet und selbst unbeweglich macht.
Wenn Sie zu den Menschen gehören, bei denen dieses Bedürfnis einen besonders hohen Stellenwert einnimmt, haben Sie möglicherweise ein stark ausgeprägtes Gespür für Situationen, in denen Sie Ihre Unabhängigkeit aufs Spiel setzen. Vielleicht reagierten Sie schon als Kind aggressiver als andere auf die Versuche Ihrer Eltern, Ihnen Vorschriften zu machen. Vielleicht hielt man Sie für »ungezogen« und rebellisch. Im Beruf fällt es Ihnen möglicherweise schwerer als anderen, sich den Anweisungen Ihres Chefs fraglos zu beugen – der Unabhängige hat oft ein gespaltenes Verhältnis zu jeder Form von Autorität und provoziert häufiger als andere Konflikte.

Doch in der Regel wird das Bedürfnis nach Unabhängigkeit sich mit anderen Bedürfnissen ausgleichen, zum Beispiel mit dem Bedürfnis nach Partnerschaften. Dort geht es darum, zwischen der Bindung an den Partner und der eigenen Freiheit einen Kompromiss zu finden, wenn die Beziehung stabil sein soll.

Schätzen Sie sich nun bitte wieder selbst ein: Ihr Bedürfnis nach Unabhängigkeit ist stark, wenn Sie

- Unterstützung von anderen ablehnen und am liebsten für sich selbst sorgen;
- öfter Schwierigkeiten mit der Autorität anderer haben;
- gut mit sich selbst auskommen und es genießen, auf niemanden angewiesen zu sein.

Ihr Bedürfnis nach Unabhängigkeit ist eher schwach, wenn Sie

- kein Problem damit haben, sich an andere zu binden, und es genießen, in Beziehungen ganz aufzugehen;
- nicht gerne auf sich selbst gestellt sind.

Wenn Sie sich selbst weder in der einen noch in der anderen Richtung deutlich wiedererkennen oder sich nicht klar entscheiden können, weil Sie sich immer wieder unterschiedlich wahrnehmen, sollten Sie Ihr Bedürfnis nach Unabhängigkeit als eher durchschnittlich einschätzen.

Mein Bedürfnis nach Unabhängigkeit ist …

○ stark
○ schwach
○ durchschnittlich

Lernen

Seinen Horizont zu erweitern, neue Erfahrungen zu sammeln und so sein Wissen zu vermehren ist nicht nur typisch für uns Menschen, sondern wir finden dieses Verhalten auch im Tierreich. Denken Sie nur einmal an die neugierigen Kätzchen, die sich auf alles stürzen, was sich bewegt, und Hunde, die überall ihre Schnauze hineinstecken wollen. Das Bedürfnis zu lernen dient letztlich dazu, die Welt, in der wir leben, zu erforschen und sich mit ihren Möglichkeiten, aber auch ihren Begrenzungen vertraut zu machen. Indem wir unsere Umwelt immer besser kennenlernen, können wir uns auch besser auf sich verändernde Umweltbedingungen einstellen – wir können uns anpassen. Menschen, bei denen dieses Bedürfnis stark ausgeprägt ist, haben einen besonderen Wissensdurst. Sie lesen gerne, schreiben ihre Erfahrungen auf und haben große Freude daran, über das, was sie erleben, nachzudenken. Viele von ihnen haben auch ein exzellentes Gedächtnis und können sich selbst in ungewohnte Situationen rasch hineinversetzen.

Konnten Sie es nicht abwarten, lesen und schreiben zu lernen? Haben Sie Ihren Eltern und Lehrern »Löcher in den Bauch gefragt«? Merken Sie sich Dinge leichter als andere? Diskutieren Sie gerne mit anderen und teilen Sie gerne mit, was Ihnen durch den Kopf geht? Dann gehören Sie wahrscheinlich zu den Menschen, die ein ausgeprägtes Lernbedürfnis haben.

Es ist jedoch wichtig, dieses Bedürfnis nicht mit Intelligenz zu verwechseln. Intelligenz gibt an, wie schnell ein Mensch Dinge erfassen und Zusammenhänge erkennen kann. Das Bedürfnis zu lernen bezieht sich dagegen rein auf die

Freude am Lernen. So kann es durchaus Hochintelligente geben, bei denen dieses Bedürfnis nur schwach ausgeprägt ist und die keinen Spaß an der Vermehrung ihres Wissens haben. Auch »gute Noten« in der Schule sind kein Hinweis darauf, dass dieses Bedürfnis stark ist, denn sie können genauso gut ein Hinweis auf das Bedürfnis nach Durchsetzung sein – Lernen wäre dann ein Mittel zum Zweck.

Das Bedürfnis nach Wissen ist immer die Freude am Lernen an sich, ohne ein bestimmtes Ziel damit zu verfolgen. Die Welt kennenzulernen und sich mit ihr geistig auseinanderzusetzen erfüllt den Neugierigen mit großer Zufriedenheit. Typisch ist dabei die Suche nach der Wahrheit. Es geht nicht darum, etwas Bestimmtes zu erreichen, sondern herauszufinden, ob eine Sache wahr ist oder nicht, ob es sich so verhält, wie angenommen, oder eben nicht. Wer dieses Bedürfnis besonders deutlich in sich spürt, gibt sich mit dem Augenschein nicht zufrieden. Er will das, was ihm begegnet, verstehen und darüber reflektieren und es analysieren. Dafür ist er bereit, einen großen Teil seiner Freizeit zu opfern: Wo andere sich dem süßen Nichtstun hingeben, wird der Neugierige immerzu nach neuen Impulsen suchen, um noch mehr zu lernen. Und so finden wir ihn auch in seinem Urlaub bevorzugt in Museen, Bibliotheken oder auf Ausstellungen beziehungsweise beim Erforschen fremder Kulturen – und natürlich immer mit ein, zwei guten Büchern in der Tasche.

Wie stark ist Ihr Bedürfnis nach Wissen und Lernen? Schätzen Sie sich nun bitte wieder selbst ein. Ihr Bedürfnis zu lernen ist stark, wenn Sie

- von Wissen niemals genug bekommen und sich für alles interessieren;
- im Vergleich zu Ihrer Umwelt häufiger Dinge in Frage stellen;
- sich gerne Gedanken darüber machen, welche Geheimnisse sich hinter der Oberfläche verbergen.

Ihr Bedürfnis zu lernen ist eher schwach, wenn Sie
- keine Freude an intellektuellen Spielereien haben;
- selten Fragen stellen;
- sich damit zufriedengeben, die Dinge so zu sehen, wie sie sind.

Wenn Sie sich selbst weder in der einen noch in der anderen Richtung deutlich wiedererkennen oder sich nicht klar entscheiden können, weil Sie sich immer wieder unterschiedlich wahrnehmen, sollten Sie Ihr Bedürfnis zu lernen als eher durchschnittlich einschätzen.

Mein Bedürfnis nach Wissen und Lernen ist …
- ○ stark
- ○ schwach
- ○ durchschnittlich

Zugehörigkeit

Wer in seiner Kindheit häufig die Erfahrung machen musste, von seiner Umwelt, seiner Familie, seinen Spielkameraden und anderen Bezugspersonen abgelehnt zu werden, tut sich nachweislich schwerer damit, Selbstbewusstsein zu entwickeln. Oft bleibt auch im späteren Leben immer das Gefühl bestehen, im Vergleich zu anderen Menschen weniger wert zu sein. Wer dagegen in der Entwicklung seiner Individualität gefördert wird und so akzeptiert wird, wie er nun einmal ist, findet schon früh das Vertrauen in sich selbst, welches ihm später helfen wird, auch in schwierigen Situationen nicht das innere Gleichgewicht zu verlieren.

Das Gefühl, ungeachtet aller Ecken und Kanten einfach so angenommen zu werden und dazuzugehören, scheint ein wichtiger Punkt in der Entwicklung eines gesunden Selbstbewusstseins zu sein. Ist dieses Selbstbewusstsein einmal erreicht, löst es das kindliche Bedürfnis nach bedingungsloser Akzeptanz in aller Regel ab.

Einige Menschen haben aber auch weiterhin ein starkes Bedürfnis, diese Akzeptanz durch andere nicht zu verlieren – in vielen Fällen zuungunsten der Entwicklung eines eigenen Selbstbewusstseins. Das kann sich in Unsicherheit äußern, aber auch in einer Überempfindlichkeit gegenüber jeder Form von Kritik. Sie versuchen dann jeder Situation aus dem Wege zu gehen, in der sie Zurückweisung erfahren könnten.

Haben Sie sich schon einmal bewusst unattraktiv gemacht, nur um der Gefahr zu entgehen, im Falle eines Misserfolges abgelehnt zu werden? Oder haben Sie schon einmal an sich beobachtet, dass Sie die Lust an einer Sache verlieren, sobald Sie jemand kritisiert oder Sie Fehler machen? Hat Ihnen schon einmal das Essen in einem Restaurant nicht geschmeckt und Sie haben dem Kellner auf seine Frage hin trotzdem geantwortet, dass alles in bester Ordnung sei? Solche oder so ähnliche Situationen häufen sich bei Menschen, denen es wichtiger ist, akzeptiert zu werden, als ehrlich eine Kritik zu äußern. In einem positiven

Sinne geht ihnen ein gutes Miteinander über die Darstellung ihrer eigenen Meinung.
Menschen, für die Zugehörigkeit eine große Rolle spielt, vermeiden Konflikte. Nicht, weil sie glauben, sie seien im Unrecht, sondern weil sie Angst haben, die Zuneigung der anderen zu verlieren. Lieber verhalten sie sich unauffällig und geben sich schüchtern, als die Kritik ihrer Umwelt zu provozieren.

Wie ausgeprägt ist Ihr Bedürfnis nach Akzeptanz und Zugehörigkeit? Schätzen Sie sich bitte wieder selbst ein. Ihr Bedürfnis nach Zugehörigkeit ist stark, wenn Sie

- es vermeiden, sich große Ziele zu setzen, um die Erwartungen niedrig zu halten;
- sich vor Herausforderungen drücken;
- nicht gut mit Kritik umgehen können.

Ihr Bedürfnis nach Zugehörigkeit ist eher schwach, wenn Sie

- ein starkes Selbstvertrauen haben;
- mit Kritik kein Problem haben.

Können Sie keine klare Ausrichtung feststellen, dann bewerten Sie Ihr Bedürfnis nach Zugehörigkeit eher als durchschnittlich.

Mein Bedürfnis nach Zugehörigkeit ist …

○ stark
○ schwach
⊗ durchschnittlich

Ordnung

Ordnung ist das halbe Leben – und für manche sogar das ganze. Es gibt wohl kein Thema, das die Menschen so entzweit – ob in Partnerschaften, in Familien oder am Arbeitsplatz. Dabei hat jeder Mensch ein Bedürfnis nach Ordnung, lediglich die Vorstellung, was darunter zu verstehen ist, kann sehr individuell sein.

Grundsätzlich nutzt uns Ordnung in vielerlei Hinsicht: Sie gibt uns Kontrolle über unser Leben. Wir wissen, dass ein Übermaß an Unordnung Menschen krank machen kann, und das nicht nur wegen der damit einhergehenden mangelnden Sauberkeit, sondern auch, weil es uns beunruhigt und verunsichert. Andererseits macht übertriebene Ordnung unbeweglich. Um flexibel zu sein, brauchen wir ein gewisses Maß an Unordnung.

Wir unterscheiden uns in der Stärke unseres Bedürfnisses nach Ordnung. Haben Sie schon einmal beobachtet, wo Ihre persönliche Schmerzgrenze liegt? Sobald diese überschritten ist, versuchen wir, den bevorzugten Grad an Ordnung wiederherzustellen. Menschen, deren Schmerzgrenze sehr niedrig ist, empfinden schnell Unbehagen, wenn es einmal nicht so sauber und aufgeräumt ist oder nach Plan gehen kann, wie sie es sich vorstellen. Andere hingegen, deren Schmerzgrenze sehr hoch ist, kommen auch im absoluten Chaos noch ohne größere Schwierigkeiten zurecht.

Haben Sie sich auch schon einmal dabei ertappt, wie Sie angefangen haben Staub zu saugen, Schränke auszumisten und das Bad zu putzen, wenn Sie sich seelisch aus der Balance fühlten? Dies ist ein weiteres Kennzeichen dafür, dass Sie zu den Menschen gehören, deren Bedürfnis nach

Ordnung stark ausgeprägt ist. Oder fühlen Sie sich schnell eingeschränkt, wenn Sie sich an einen Plan halten müssen, beziehungsweise verlieren schnell die Lust, wenn das bedeutet, sich in irgendeiner Form im Vorfeld organisieren zu müssen? Dann ist Ihr Bedürfnis nach Ordnung vermutlich eher schwach.

Schätzen Sie sich nun wieder selbst ein. Wie ist es um Ihr Bedürfnis nach Ordnung bestellt? Sie bewerten es als stark, wenn Sie

- deutlich organisierter an Ihren Alltag herangehen als Ihre Umwelt;
- gerne klare Regeln aufstellen und Sie auch gerne punktgenau einhalten;
- Spaß daran haben, aufzuräumen und Ordnung zu schaffen.

Weniger stark ist Ihr Bedürfnis nach Ordnung, wenn Sie

- Ihren Arbeitsplatz, Ihren Haushalt, Ihr Büro im Vergleich zu anderen als eher unordentlich einschätzen;
- nicht gerne planen.

Trifft weder das eine noch das andere auf Sie zu oder erkennen Sie sich in beiden Seiten wieder, dann sollten Sie Ihr Bedürfnis nach Ordnung als durchschnittlich einstufen.

Mein Bedürfnis nach Ordnung ist …

○ stark
○ schwach
○ durchschnittlich

Sicherheit

Seitdem wir wissen, dass Geiz geil ist, hat sich eine wahre Schnäppchen-Kultur entwickelt: Wo bekomme ich etwas noch günstiger, wie kann ich noch mehr sparen. Internet-Auktionen, Bonuspunkte und Tauschbörsen haben Hochkonjunktur. Dabei steckt hinter diesem Ehrgeiz nach dem billigsten Angebot letztlich nichts anderes als das Bedürfnis nach Sicherheit. Denn je mehr ich einspare, umso mehr kann ich horten und damit mein subjektives Gefühl von Sicherheit stärken. Dieser Impuls ist uns auch aus dem Tierreich bekannt: Viele Arten sammeln Vorräte, um zum Beispiel ihr Überleben im Winter zu sichern.

Die meisten Menschen in den Ländern der westlichen Kultur müssen nicht mehr um ihr Überleben kämpfen. Aber für viele ist Genügsamkeit an sich ein hoher Wert: Sie hält uns dazu an, nichts zu verschwenden, weder Zeit noch Geld, noch andere Ressourcen. Kennen Sie das? Obwohl sich die Zeitschriften schon zu wahren Türmen stapeln, die Schränke voll sind mit Klamotten, die schon einmal bessere Tage gesehen haben, die Kugelschreibersammlung schon ein beachtliches Ausmaß angenommen hat, können Sie sich nicht davon trennen. »Wer weiß, wozu ich das noch einmal brauchen kann?« Mit dieser Rechtfertigung bewahren wir viele Dinge auf, von denen wir gar nicht sicher wissen, ob wir sie jemals benötigen werden. Vielleicht denken Sie auch: »Was ich hab, das hab ich!« Und genau darin offenbart sich der Wunsch nach Sicherheit. Die Dinge, mit denen wir uns umgeben, verleihen uns Stabilität und geben uns das Gefühl von Beständigkeit.

Misten Sie regelmäßig Ihre vier Wände aus? Haben Sie mehr als eine Kreditkarte? Wissen Sie in der Regel nicht,

wie viel Geld Sie auf Ihrem Konto oder in Ihrem Geldbeutel haben? Besitzen Sie weder eine Hausratsversicherung noch Pfandbriefe? Lassen Sie schon einmal das Licht brennen, auch wenn Sie nicht im Zimmer oder gar zu Hause sind? Dann gehören Sie vermutlich zu den Menschen, denen Genügsamkeit und Sicherheit wenig bedeuten. Das Gegenteil von Genügsamkeit ist Luxus. Menschen, denen Sicherheit nicht so wichtig ist, gehen öfter Risiken ein und gönnen sich auch leichter etwas. Sie verfahren nach dem Motto: »Man lebt nur einmal!« Sie behalten nichts und fühlen sich von zu viel Besitz schnell eingeengt.
Der Grad an Sicherheit, den jeder Einzelne im Leben benötigt, ist verschieden. Manche Menschen können kaum etwas hergeben, ohne dabei das Gefühl von Verlust zu empfinden. Sie gönnen sich überhaupt nichts und drehen jeden Cent zweimal um, selbst wenn sie es gar nicht nötig hätten. Jeder von uns hat wohl schon einmal von Millionären gehört, die an allem sparen, sogar an Arztbesuchen. So gesehen scheint Geiz nicht selten mit Reichtum einherzugehen.
Das Ziel der Genügsamkeit ist letztlich Sicherheit, aber worin diese Sicherheit besteht, kann ganz unterschiedlich sein: Manchen Menschen verleiht schon der Anblick des wachsenden Kontostandes Befriedigung, während andere sparen, um sich davon etwas kaufen zu können, das ihren Status in der Gesellschaft erhöht und andere beeindruckt, zum Beispiel ein Auto oder teure Designermöbel. In beiden Fällen wird das Bedürfnis nach Sicherheit bedient.

Nun sind wieder Sie an der Reihe. Wie würden Sie sich selbst einschätzen? Ihr Bedürfnis nach Sicherheit ist stark, wenn Sie

- gerne Dinge sammeln;
- sich selten etwas gönnen;
- Ihr Geld gerne zusammenhalten und es sich dreimal überlegen, bevor Sie etwas ausgeben.

Ihr Bedürfnis nach Sicherheit ist hingegen schwach ausgeprägt, wenn Sie
- Ihr Geld gerne mit vollen Händen ausgeben;
- nichts behalten wollen;
- ungern sparen.

Wenn Sie beide Extreme schon öfter an sich beobachtet haben oder sich nicht eindeutig zuordnen können, dann bewerten Sie sich hinsichtlich Ihres Bedürfnisses nach Sicherheit als durchschnittlich.

Mein Bedürfnis nach Sicherheit ist …

○ stark
○ schwach
○ durchschnittlich

Achtung

»Du sollst deinen Vater und deine Mutter ehren, auf dass es dir wohlgehe und du lange lebest auf Erden.« Die Wertschätzung der Eltern ist in vielen Kulturen von so großer Bedeutung, dass sie sogar in der Gesetzgebung ihren Ausdruck findet – so wie im biblischen vierten Gebot. Den Menschen, die uns auf die Welt gebracht haben, Ehre zu erweisen und ihnen gegenüber loyal zu sein, scheint tatsächlich eines der Grundbedürfnisse des Menschen zu sein. Dieses Bedürfnis können wir ausdehnen auf die Wertschätzung der gesamten Herkunft, der Vorfahren im weiteren Sinne, der Kultur und der Heimat, in die wir hineingeboren wurden. Oft drückt sich die innere Verehrung unserer Eltern auch darin aus, dass wir die Wertvorstellungen und moralischen Prinzipien, nach denen sie uns erzogen haben, in Ehren halten und ihnen vielleicht sogar nachfolgen.

Menschen, denen dieses Bedürfnis wichtig ist, fühlen sich den Traditionen ihrer Eltern und ihrer Heimat besonders verpflichtet. Indem sie die Bräuche und Gewohnheiten ihrer Vorfahren weitergeben, sorgen sie dafür, dass die Vergangenheit weiterlebt und nicht in Vergessenheit gerät. Sie fühlen sich schnell getroffen, wenn jemand schlecht über ihre Herkunft, ihre Eltern, ihren Glauben oder ihre Heimat spricht.

Woran aber können Sie erkennen, worauf sich Ihr Ehrgefühl bezieht? Vielleicht fällt es Ihnen leichter, sich dies zu vergegenwärtigen, wenn Sie nach dem gegenteiligen Gefühl fragen: nach dem schlechten Gewissen. Wenn wir ein schlechtes Gewissen haben und uns für etwas schämen, dann haben wir auf irgendeine Weise etwas in uns verletzt, was wir eigentlich in Ehren halten. Steigt Ihnen allein bei der Vorstellung, jemanden zu belügen, die Schamesröte ins Gesicht? Dann ist vermutlich Ehrlichkeit so ein Wert für Sie. Haben Sie sich schon einmal für Ihren Partner oder Ihr Kind geschämt, wenn diese sich in der Öffentlichkeit danebenbenommen haben? Dann ist möglicherweise soziale Anpassung ein Ehrbegriff für Sie. Hat Sie schon einmal der Gedanke, eine gemachte Zusage nicht oder nicht fristgerecht einhalten zu können, um den Schlaf gebracht? Dann gehört für Sie mit Sicherheit Zuverlässigkeit

zu den höchsten Prinzipien, die Sie keinesfalls verletzen wollen.
Schuldgefühle sind ein sicheres Kennzeichen dafür, dass wir gegen einen in uns angelegten Ehrbegriff verstoßen haben. Menschen, die ein starkes Ehrgefühl haben, bekommen daher schneller ein schlechtes Gewissen als andere. Andererseits besitzen sie oft hohe Moralvorstellungen und einen hohen Anspruch an sich selbst, der sie immer zu Höchstleistungen anspornt – und auch dazu, über den eigenen Schatten zu springen. Wenn es Ihnen leichtfällt, sich gegen innere und äußere Widerstände zu etwas durchzuringen, gehören Sie zu dieser Gruppe von Menschen.

Haben Sie schon eine Idee, wie wichtig Ihnen Dinge wie Ehre, Loyalität und Moral sind? Sie schätzen dieses Bedürfnis als sehr groß ein, wenn Sie

- von anderen als ein Mensch von hoher Moral und mit festen Prinzipien eingestuft werden;
- dafür bekannt sind, besonders loyal zu sein.

Ihr Bedürfnis nach Achtung ist dagegen eher niedrig einzuschätzen, wenn Sie

- glauben, dass jeder nur für sich selbst verantwortlich ist und sich nur um sich selbst kümmern sollte;
- mit diesen beiden Begriffen nichts anfangen können und sie keinerlei Einfluss auf Ihr Handeln haben.

Vielleicht schwanken Sie aber auch zwischen dem einen und dem anderen Extrem hin und her oder fühlen sich zu keinem von beiden hingezogen – dann stufen Sie sich in Bezug auf dieses Bedürfnis als durchschnittlich ein.

Mein Bedürfnis nach Ehre ist …
- ○ stark
- ○ schwach
- ⦸ durchschnittlich

Idealismus

Vielleicht unterscheidet den Menschen gerade sein Bedürfnis nach sozialer Gerechtigkeit von den Tieren. Menschen, bei denen dieses Bedürfnis besonders stark ausgeprägt ist, finden wir häufig an Stellen, von denen aus sie einen Beitrag zur Verbesserung der Gesellschaft leisten können. Vielleicht gehen sie in die Politik, schließen sich einer Bürgerinitiative an oder setzen sich für Menschenrechte ein. Oder sie arbeiten in karitativen Einrichtungen, zumeist auf freiwilliger Basis, sammeln Spenden und setzen sich für die Nöte und Sorgen von Mitmenschen ein, die es nicht so gut getroffen haben wie sie selbst.

Ob Politiker, Forscher, Freiwilliger oder Ehrenamtlicher – ihnen allen ist ein hoher Idealismus gemeinsam, für den sie bereit sind, auf vieles zu verzichten. Der Einsatz für das Wohl der Gemeinschaft, für mehr Gerechtigkeit in der Welt ist nicht selten ein einsamer Job. Für Familie, Partnerschaft und Freunde bleibt da oft kaum Zeit. Doch bei wem das Bedürfnis nach Gerechtigkeit einen hohen Stellenwert hat, der schätzt seine Ideale höher als persönliche Belange. Themen und Beziehungen, die keinen unmittelbaren Bezug zur Verwirklichung dieser Ideale aufweisen, haben wenig oder keinen Platz in seinem Leben.

Aber nicht jeder, der eine gesellschaftlich bedeutsame Position innehat, hat zugleich auch ein starkes Bedürfnis nach sozialer Gerechtigkeit. Wir alle kennen die Beispiele von machthungrigen Politikern, die ihre Stellung ausnutzen, um sich persönlich zu bereichern. Und auch Unternehmer, die sich nach außen hin für ein soziales Projekt engagieren, denken vielleicht insgeheim nur an ihren Profit. Bei ihnen ist das Bedürfnis nach Selbstbehauptung, Prestige und Sicherheit der eigentliche Ansporn für ihr Verhalten. Echter Idealismus fragt nicht danach, was für einen dabei herausspringt, sondern er ist eine Antriebskraft für sich. Idealistische Menschen beschäftigt die Frage, ob das, was sie in ihrem Leben tun und erreichen möchten, auch von Bedeutung für das Wohlergehen der Gesellschaft ist und ob es etwas dazu beiträgt, die Welt ein Stückchen besser zu machen. Wir denken dabei oft an Persönlichkeiten wie Mutter Teresa, Martin Luther King, Rosa Parks oder die Geschwister Scholl. Sie alle sind hohe Risiken eingegangen und haben sogar ihr Leben aufs Spiel gesetzt, weil sie ihren Idealismus nicht verraten konnten.

Nun aber zu Ihnen. Wie groß schätzen Sie Ihren Idealismus ein? Besonders ausgeprägt ist er, wenn Sie

- sich für soziale Projekte einsetzen und bereit sind, dafür auch persönliche Opfer zu bringen;
- gerne freiwillig in sozialen Einrichtungen oder anderen Organisationen arbeiten;
- ohne zu zögern, großzügig spenden, wenn andere in Not geraten.

Weniger ausgeprägt ist Ihr Bedürfnis nach sozialer Gerechtigkeit, wenn Sie

- nur wenig oder kein Interesse an gesellschaftlich relevanten Fragen haben;

- sich nicht vorstellen können, sich freiwillig und unentgeltlich für die Bedürfnisse anderer einzusetzen.

Wenn weder das eine noch das andere auf Sie zutrifft oder Sie sich nicht sicher sind, dann bewerten Sie dieses Bedürfnis als durchschnittlich stark.

Mein Bedürfnis nach sozialer Gerechtigkeit ist …

○ stark
○ schwach
☒ durchschnittlich

Kontakt

»Es ist nicht gut, dass der Mensch allein sei«, so formuliert es die Bibel, und Puh, der Bär, bringt es auf seine ganz eigene Weise auf den Punkt: »Für einen ist es nicht so lustig wie für zwei, die zusammenhalten können.« Das Bedürfnis nach Begegnung und Kontakt ist wohl eines der elementarsten des Menschen. Und der wichtigste Antrieb, sich mit anderen Menschen zu verbinden, ist tatsächlich der Spaß, den wir mit anderen haben können. Kinder lassen jedes Spielzeug stehen und liegen, wenn sie mit anderen Kindern spielen können, und auch Erwachsene verstehen in der Regel unter Vergnügen etwas, bei dem sie sich mit Freunden treffen, gemeinsam essen oder ausgehen. Vergleichen Sie selbst: Wann haben Sie sich das letzte Mal so richtig amüsiert? Wahrscheinlich eher bei einem Glas Wein in geselliger Runde, auf einer Party oder in Ihrem Lieblingsclub und weniger alleine auf der Couch vor dem Fernseher – vielleicht noch in Begleitung einer Tüte Chips.

Natürlich gibt es auch hier Unterschiede: Einige Menschen brauchen die Gesellschaft anderer weniger häufig und können sich auch ganz gut mit sich selbst beschäftigen, während andere regelrecht depressive Anwandlungen bekommen, wenn sie auf sich allein gestellt sind.

Menschen, bei denen das Bedürfnis nach Kontakt sehr stark ausgeprägt ist, suchen nicht nur den Spaß für den Moment, sondern machen nicht selten ihr Glück von der Anwesenheit anderer abhängig. Ihnen erscheint ein Leben, das sie nicht mit anderen teilen können, sinnlos. Um diesem Bedürfnis gerecht zu werden, richten sie ihr Leben danach aus, wie sie andere Menschen kennenlernen und ihr Interesse für sich wecken können. Sie fühlen sich nur glücklich, wenn sie nicht lange alleine sein müssen. Andere wiederum fühlen sich schnell überfordert, wenn sie von zu vielen Menschen umgeben sind. Es belastet sie, wenn sie den Bedürfnissen anderer zu lange ausgesetzt sind und sich nicht zurückziehen können. Wer zum Beispiel nach einer anstrengenden Arbeitswoche voller Meetings ins Wochenende geht, sucht vielleicht den Ausgleich auf einer einsamen Berghütte.

Mit dem Bedürfnis nach Begegnung geht auch das Bedürfnis nach Privatsphäre einher – beide sollten sich unserer individuellen Ausprägung gemäß in Balance befinden. Menschen, die gerne für sich sind, müssen aber nicht notwendigerweise schüchtern sein. Wer schüchtern ist, möchte im Grunde gerne Kontakt zu anderen, schafft es aber nicht, über seine Berührungsängste hinwegzukommen. Hinter Schüchternheit steckt viel häufiger das Bedürfnis nach Zugehörigkeit, verbunden mit der Angst, abgelehnt zu werden.

Immer wieder liest man, dass die Fähigkeit, Kontakte zu knüpfen und Beziehungen aufzubauen, für das seelische und geistige Gleichgewicht unabdingbar sei. Viele psychische Störungen gehen mit der Tendenz einher, sich zu isolieren, wie im Falle schwerer Depressionen oder auch von Autismus. Hier scheint das Interesse an sozialen Kontakten völlig zu verschwinden. Im Unterschied dazu ist das Bedürfnis nach einem längeren Rückzug der Versuch, einen Ausgleich zu einem Leben unter dem permanenten Einfluss anderer Menschen zu schaffen. In der Einsamkeit finden wir wieder zu uns selbst und in unsere innere Mitte zurück – um uns dann wieder gestärkt den Ansprüchen des Alltags und unseren Mitmenschen zu widmen.
Das Bedürfnis nach Kontakt hat kein anderes Ziel als die Gesellschaft mit anderen Menschen. Wer dagegen viele Kontakte pflegt, weil er dadurch seine Chancen auf Karriere ausbauen möchte, befriedigt eher sein Bedürfnis nach Macht oder nach Ansehen.

Und wie sieht es bei Ihnen aus? Wie groß ist Ihr Bedürfnis nach Kontakt zu anderen?
Sie bewerten es als besonders stark, wenn Sie

- sich ein Leben ohne die Gegenwart anderer Menschen nicht vorstellen können;
- sich gerne zusammen mit anderen Menschen amüsieren und in ihrer Gesellschaft Spaß und Abwechslung suchen.

Eher weniger ausgeprägt ist dieses Bedürfnis bei Ihnen, wenn Sie

- sich gerne zurückziehen und für sich sind;

- Partys und gesellige Runden meiden;
- sich außer um Ihre engsten Freunde und Ihre Familie kaum für andere Menschen interessieren.

Vielleicht halten sich aber auch beide Seiten dieses Bedürfnisses bei Ihnen die Waage oder Sie können weder mit der einen noch mit der anderen etwas anfangen. Dann bewerten Sie Ihr Bedürfnis nach Kontakt als durchschnittlich.

Mein Bedürfnis nach Kontakt ist …

○ stark
○ schwach
○ durchschnittlich

Familie

Eines ist sicher: Jeder Mensch hat eine Mutter und einen Vater. Doch nicht jeder Mensch empfindet gleich stark das Bedürfnis in sich, Mutter oder Vater zu werden. Nichtsdestoweniger ist es eines der wohl wichtigsten menschlichen Grundbedürfnisse, denn es sichert den Fortbestand der Spezies Mensch – und wenn unsere Eltern diesem Bedürfnis nicht nachgegeben hätten, wären wir jetzt nicht auf der Welt. Und dennoch ist es nicht bei allen Menschen gleich ausgeprägt: Was die einen als Bereicherung betrachten, die sie nicht missen möchten, ist für andere der Inbegriff einer Belastung. Auch in diesem Bedürfnis sind Menschen also sehr individuell.

Menschen, denen es sehr wichtig ist, eine Familie zu gründen, nehmen bereitwillig in Kauf, dass dies bedeutet, einen großen Teil aller anderen individuellen Bedürfnisse zu vernachlässigen. Vielleicht bleiben sie in für sie ungünstigen Arbeitsverhältnissen, nur um das nötige Geld für die Familie aufzubringen, oder sie verzichten auf Freizeit und Vergnügen, um sich der Erziehung und Betreuung ihrer Kinder zu widmen. Dieses Bedürfnis geht offensichtlich mit der Bereitschaft einher, für die eigenen Nachkommen Opfer zu bringen. Und dennoch berichten viele Väter und Mütter, dass Kinder zu haben für sie das Schönste und Größte im Leben sei – egal, wie anstrengend es auch sein mag und wie sehr man selbst dabei zu kurz kommt.

Haben Sie immer schon von einer großen Familie geträumt? Beschäftigen Sie sich gerne mit Kindern? Freut es Sie, wenn Sie sehen, wie Ihre Kinder größer werden, immer Neues entdecken und ihre Persönlichkeit entwickeln? Macht es Ihnen nichts aus, wenn Sie zugunsten des Wohlergehens Ihrer Kinder zurückstecken müssen? Dann gehören Sie wahrscheinlich zu jenen Menschen, für die Familie einen zentralen Wert darstellt.

Im Gegensatz dazu gibt es aber auch viele, die zwar eigene Kinder haben, jedoch feststellen mussten, dass sie diese Freude nicht empfinden können. Sie fühlen sich von den Ansprüchen, die ihre Kinder an sie stellen, bedrängt und in ihrer eigenen Entwicklung gehemmt. Das bedeutet nicht, dass sie keine guten Eltern sind, aber sie kümmern sich um ihre Kinder eher aus Pflichtgefühl und weniger, weil es ihnen ein Herzenswunsch ist. Vielleicht überlassen sie die Erziehung auch dem anderen Elternteil oder anderen Verwandten, oder sie suchen sich ein Kindermädchen. Viele Eltern, bei denen dieses Bedürfnis schwach ausgeprägt ist, blühen erst richtig auf, wenn die Kinder endlich groß und aus dem Haus sind.

Wenn Sie sich selbst betrachten: Wie stark ist Ihr Bedürfnis nach eigenen Kindern und Familie? Sie können es als dominant einstufen, wenn Sie

- glücklich darüber sind, Kinder großzuziehen und für sie sorgen zu dürfen;
- im Vergleich zu anderen Eltern sehr viel mehr Zeit mit Ihren Kindern verbringen.

Eher schwach ausgeprägt ist dieses Bedürfnis, wenn Sie

- allein schon der Gedanke an eigene Kinder bedrückt;
- Ihre Kinder problemlos loslassen konnten und froh waren, wieder mehr Zeit für sich zu haben.

Vielleicht gab es in Ihrem Leben aber auch Phasen, in denen dieses Bedürfnis einmal schwach und dann wieder stark gewesen ist. Oder Sie fühlen sich weder dem einen noch dem anderen Pol dieses Bedürfnisses nahe. Dann können Sie Ihren Familiensinn als eher durchschnittlich einordnen.

Mein Bedürfnis nach Familie ist …

- ○ stark
- ○ schwach
- ○ durchschnittlich

Anerkennung

Jeder Mensch will gesehen und beachtet werden. Wenn wir merken, dass wir ignoriert werden, kann uns dies sehr verunsichern und uns wütend und traurig machen. Vielleicht haben Sie diese Reaktion schon an Kindern bemerkt: Wenn sie von ihren Eltern nicht beachtet werden, beginnen sie schnell zu quengeln und versuchen mit aller Macht die Aufmerksamkeit auf sich zu ziehen. Dahinter steckt der uralte Instinkt, den Eltern die eigenen Bedürfnisse bewusstzumachen, um so das Überleben zu sichern. Je lautstärker ein Kind auf sich aufmerksam macht, umso größer ist die Wahrscheinlichkeit, dass es bekommt, was es braucht.

In unserer Kultur ist aus diesem grundlegenden Bedürfnis die Motivation geworden, sich einen gewissen Status in der Gesellschaft anzueignen, der einem Privilegien sichert und so die Chancen auf ein sorgenfreies Leben erhöht. Nicht selten dokumentieren die sogenannten Statussymbole die Stellung, die der Einzelne in der Gesellschaft einnimmt – sei es das teure Auto, das man fährt, die Villa/der Stadtteil, in dem man wohnt, oder die Kleidung, die man trägt.

Wollten Sie schon immer berühmt sein? Oder gehören Sie sogar zu den Menschen, von denen andere sagen »Aus dem ist etwas geworden«? Blättern Sie manchmal neugierig in den Hochglanz-Illustrierten und beneiden insgeheim die Reichen und Schönen um deren Leben? Wären Sie gerne ein Mitglied der sogenannten High Society? Dann sind Sie mit Sicherheit jemand, dem das Bedürfnis nach Status nicht fremd ist. Denn Menschen, die es »geschafft haben«, werden bewundert und stehen im Mittelpunkt des Interesses – und stillen so ihr Bedürfnis nach Aufmerksamkeit.

Oder sind Ihnen Prestigeobjekte egal? Geraten Sie alles andere als ins Schwärmen, wenn Sie einen Rolls-Royce sehen oder die neueste Haute Couture von den Laufstegen Mailands und Paris vorgeführt bekommen? Finden Sie das Leben der Promis langweilig oder sogar bedauerlich? Ist Ihnen gleichgültig, was andere Menschen von Ihnen denken und welchen Eindruck Sie auf andere machen?

Dann gehören Sie wohl eher zu den Menschen, denen Status wenig oder gar nichts bedeutet.
Auch wenn das Bedürfnis nach Status in jedem von uns seine individuelle Ausprägung findet, so begünstigt die Gesellschaftsform, in der wir leben, doch entweder das eine oder das andere Ideal. Denken Sie nur an das Kastensystem in Indien, in dem die Zugehörigkeit zu einer Schicht das gesamte Leben von der Geburt bis zum Tod bestimmt. Ein Wechsel von einer zu einer anderen Kaste ist nicht möglich. Und auch in den westlichen Kulturen spielt unser Status eine große Rolle. Je bedeutsamer wir in den Augen der anderen erscheinen, auf umso mehr Begünstigungen dürfen wir hoffen: Der Chef bekommt ein größeres Büro, einen besseren Dienstwagen und eine Sekretätin. Als VIP haben Sie Zutritt zu exklusiven Clubs und reisen first class. Aber nicht nur die materielle Seite spielt beim Status eine Rolle, sondern auch das öffentliche Ansehen. So legen sehr auf Status bedachte Menschen zum Beispiel viel Wert auf akademische Titel.
Manchmal treibt das Bedürfnis nach Status auch seltsame Blüten: Vielleicht haben Sie sich auch schon einmal dabei ertappt, wie Sie neidvoll auf das neue Designer-Möbelstück Ihres Nachbarn oder die Gucci-Handtasche Ihrer besten Freundin geschielt haben – und sofort einen Plan geschmiedet haben, wie Sie das noch übertrumpfen können, egal was es kostet. Oder Sie haben das teurere Markenprodukt gekauft, obwohl die günstigere No-Name-Ware exakt dieselbe Qualität aufweist, nur um nicht den Eindruck zu erwecken, dass Sie es sich nicht leisten könnten. Dann sollten Sie dies als klares Anzeichen dafür sehen, dass Ihnen Status und Prestige wichtig sind. Aber fassen wir zusammen:

Ihr Bedürfnis nach Status ist sehr groß, wenn

- Sie beim Einkaufen fast immer die beste und teuerste Qualität bevorzugen, und sei es nur deshalb, um andere damit zu beeindrucken;
- Ihnen die Mitgliedschaft in exklusiven Gesellschaften viel bedeutet;
- Sie nie mit dem Status zufrieden sind, den Sie erreicht haben, sondern immer auf der Suche nach einer Gelegenheit sind, noch einen Schritt weiter »nach oben« zu kommen.

Weniger wichtig sind Ihnen Prestige und Status, wenn

- es Sie nicht interessiert, was andere von Ihnen denken und was sie über Sie sagen;
- Reichtum, Statussymbole und andere Prestigeobjekte Sie nicht beeindrucken können;
- Sie eher Mitleid als Faszination angesichts der glamourösen Welt der High Society verspüren.

Wenn Sie jedoch weder mit der einen noch mit der anderen Haltung etwas anfangen können oder beides in Ihnen gleich stark zum Ausdruck kommt, dann stufen Sie Ihr Bedürfnis nach Status als mittelmäßig ein.

Mein Bedürfnis nach gesellschaftlicher Anerkennung und sozialem Status ist …

○ stark
○ schwach
○ durchschnittlich

Ausgleichende Gerechtigkeit

Haben Sie nach einer Beleidigung oder einer Ungerechtigkeit schon einmal an nichts anderes mehr denken können, als es dem Übeltäter heimzuzahlen? Haben Sie schon jemals blinden Hass auf einen Menschen verspürt, der Ihnen etwas angetan hat? Kann man Sie leicht wütend machen?

Menschen, die ein ausgeprägtes Bedürfnis nach gerechtem Ausgleich haben, geraten leicht aus der Fassung, wenn sie sich ungerecht behandelt fühlen, und verlieren rasch die Geduld: Sie wollen so schnell wie möglich das ihnen zugefügte Unrecht wieder ausgleichen. Das mündet zwar nur in den seltensten Fällen in einem blutrünstigen Rachefeldzug à la Quentin Tarantinos »Kill Bill«, doch den Impuls, sich zu wehren und die Frustration abzubauen, verspüren diese Menschen sehr stark. Sie fühlen sich schnell provoziert und müssen ihrem Ärger auf jeden Fall Luft machen.

Gewaltanwendung und Rache – das sind die weniger zivilisierten Ausdrucksformen des Bedürfnisses nach gerechtem Ausgleich. Auf einer kulturell akzeptablen Ebene begegnen wir diesem Bedürfnis im Wunsch, seinen Rivalen durch bessere Leistung zu besiegen, zum Beispiel im Sport, aber auch in der Wirtschaft oder der Wissenschaft. Menschen mit einem starken Bedürfnis nach Ausgleich der Kräfte fühlen sich durch Konkurrenz angestachelt und geben alles, um am Ende über den anderen zu triumphieren.

»Aggression« ist der Schlüssel zu diesem Bedürfnis – und darunter sollten wir nicht nur aggressives Verhalten im landläufigen Sinne verstehen. Das lateinische Wort »aggredi« bedeutet so viel wie »auf etwas zugehen«. Aggression ist also nichts anderes als die Fähigkeit, sich aktiv für seine eigenen Bedürfnisse einzusetzen und sie im Zweifelsfall auch zu verteidigen. Man könnte daher sagen, dass Menschen mit einem starken Bedürfnis nach Gerechtigkeit ein größeres Aggressionspotenzial haben als andere, denn sie lassen sich nicht so leicht etwas gefallen und gehen aktiv auf jede Provokation, jede Herausforderung zu – um sie letztlich für sich zu entscheiden.

In den meisten zivilisierten Gesellschaften gilt schon lange nicht mehr das Faustrecht. Wir sind es gewohnt, dass ein gerechter Ausgleich auf gewaltfreiem Wege durchgesetzt wird, zum Beispiel durch unsere Gerichtsbarkeit oder durch Streitgespräche. Wo auch immer wir Verrohung, Terror und Gewaltbereitschaft begegnen, beunruhigt und verunsichert uns das – vielleicht weil es uns daran erinnert, dass dieser aggressive Impuls in jedem von uns schlummert.

Die meisten Menschen suchen jedoch ein Gleichgewicht zwischen aggressiver Konkurrenz und freundlichem Miteinander. Das Bedürfnis nach gerechtem Ausgleich, das sich in Rachegefühlen, Wut und Rivalität äußern kann, scheint einherzugehen mit dem Bedürfnis zur Versöhnung. Wo gestritten wird, wird sich auch wieder vertragen. Mitgefühl und der Wunsch nach Frieden kontrollieren die aggressiven Tendenzen.

Und wie stark schätzen Sie Ihr Aggressionspotenzial ein? Wie ausgeprägt ist Ihr Bedürfnis nach gerechtem Ausgleich? Als überdurchschnittlich stark können Sie es bewerten, wenn Sie

- Ihre Wut nur schwer im Zaum halten können und leicht zu provozieren sind;
- Spaß daran haben, um etwas zu streiten;
- erst in Konkurrenzsituationen so richtig aufblühen;
- nach dem Motto verfahren: »Auge um Auge, Zahn um Zahn.«

Eher weniger bedeutsam ist dieses Bedürfnis für Sie, wenn Sie
- nur schwer aus der Fassung zu bringen sind;
- über Beleidigungen und Angriffe auf Ihre Person hinwegsehen können;
- Konkurrenzsituationen meiden.

Ihr Bedürfnis nach gerechtem Ausgleich ist durchschnittlich, wenn Sie sich weder für besonders aggressiv noch ausgesprochen friedliebend halten oder beide Haltungen in Ihrem Leben gleich häufig vorkommen.

Mein Bedürfnis nach gerechtem Ausgleich ist ...

○ stark

○ schwach

○ durchschnittlich

Lust und Schönheit

Sich von etwas angezogen fühlen und es schön finden, sich lustvoll hingeben und einfach nur genießen – jeder kennt dieses Bedürfnis in einem mehr oder weniger ausgeprägten Sinne. Die Ursprünge dieses Bedürfnisses gehen auf so animalische Instinkte wie den Paarungstrieb zurück. Dieser wird nicht nur von unseren Hormonen gesteuert, sondern auch von kulturellen Faktoren wie zum Beispiel den Schönheitsidealen der Epoche, in der wir leben. Was wir schön finden und was nicht, wird zu einem großen Teil von den Bildern geprägt, die uns der Zeitgeist tagtäglich anbietet und die über die Medien verbreitet werden. Wenn wir uns dann von einem anderen Menschen angezogen fühlen, werden wir in der Regel alles tun, um seine Aufmerksamkeit zu erregen. Vielleicht legen wir dann besonders großen Wert auf die richtige Kleidung, suchen Make-up und Schmuck mit größerer Sorgfalt aus, wählen einen ganz besonderen Duft – kurz gesagt, wir geben uns Mühe, uns im bestmöglichen Licht darzustellen, ganz ähnlich wie unsere tierischen Verwandten, die sich im Balzritual von ihrer Schokoladenseite zeigen.

»Sex sells« heißt eine allseits bekannte Marketingstrategie, denn Werbemacher wissen, dass das Bedürfnis nach Paarung, Liebe und Schönheit so stark in uns verankert ist, dass wir jedes Signal bereitwillig aufnehmen: schöne Körper in lasziven Posen und zweideutigen Situationen garantieren steigenden Umsatz und prägen unsere Vorstellungen von Lust und Schönheit. Es lohnt sich, einmal darüber nachzudenken, inwieweit das, was Sie als schön und lustvoll erleben, in Wirklichkeit nichts anderes ist als eine Kopie der Darstellung von Sehnsüchten und Wünschen in den Medien.

Doch einmal ganz abgesehen davon: Welches Thema bewegt die Menschen mehr als die Liebe? Malerei, bildende Künste, Musik, Theater, Dicht- und Filmkunst – überall ist das Gefühl der Gefühle anzutreffen, von der Schlagerschmonzette bis zum Shakespeareschen Drama. Liebe und Kunst, Lust und Schönheit scheinen schon immer eine be-

sonders innige Liaison eingegangen zu sein, und so verwundert es nicht, dass diese beiden letztlich Facetten ein und desselben Bedürfnisses sind.
Bei vielen Menschen drückt sich dieses Bedürfnis vorrangig in der Beschäftigung mit dem Thema Nummer eins aus: Sex. Menschen mit einem ausgeprägten Bedürfnis nach Lust und Schönheit sind sexuell leichter erregbar und fühlen sich schneller aus dem Gleichgewicht gebracht, wenn sie nicht genügend Gelegenheit haben, diesem Bedürfnis nachzugeben. Sie fühlen sich schneller auf der erotischen Ebene angesprochen und entwickeln schneller entsprechende Phantasien bei der Begegnung mit Menschen, die sie attraktiv finden.
Aber vielleicht erleben Sie dieses Bedürfnis bei sich ganz anders, haben eher wenig Sex und fühlen sich von der Erotisierung unserer Erlebniswelt überhaupt nicht betroffen. Das heißt nicht, dass Sie keinen Bezug zu Lust und Schönheit haben, aber Sie verbinden beides einfach weniger miteinander. Schön ist für Sie eher etwas, das Ihren Geist bewegt oder andere Sinne anspricht, und weniger das, was romantische Gefühle weckt. Menschen, bei denen das Bedürfnis nach Lust und Schönheit keine Priorität hat, fühlen sich oft von der Überbetonung alles Sexuellen in unserer westlichen Zivilisation bedrängt. Vielleicht stellen sie sich sogar die Frage, ob bei ihnen noch alles »normal« ist, weil sich ihre Gedanken und Gefühle eher selten um Fragen drehen wie: Bin ich ein guter Liebhaber? Wie viel Sex ist gesund? Wie anziehend wirke ich auf andere?
Was uns als normal präsentiert wird, muss keinesfalls für das Individuum normal sein. Dieses Bedürfnis besitzt wie jedes andere so viele individuelle Schattierungen, wie es Menschen gibt, und gerade hier sehen wir noch viele kul-

turell bedingte Erwartungen, denen wir glauben gerecht werden zu müssen.
Aber auch wenn das Bedürfnis nach Lust und Schönheit bei uns besonders betont ist, ist es wichtig, sich darüber Gedanken zu machen, wie wir uns in einer Welt, in der sexuelle Erfüllung für so wichtig gehalten wird, die Balance bewahren. Denn »überfressen« wir uns an dem bestehenden Angebot, verlieren wir schnell unseren »Appetit«, und das auf Dauer. Die Erfahrung vieler Menschen zeigt, dass die Übersättigung dieses Bedürfnisses nach ihrem Gegenteil verlangt, nach Enthaltsamkeit bis hin zur Askese. Indem sie sich Lust und Schönheit versagen, haben viele Menschen erst den Wert der schönen und lustvollen Dinge in dieser Welt für sich erfahren können – einen Wert, der von ihren ganz persönlichen Bedürfnissen geprägt ist und nicht von kulturellen Erwartungen und Normen.

Und nun zu Ihnen: Wie stark schätzen Sie Ihr Bedürfnis nach Lust und Schönheit ein? Wie ist es um Ihren Wunsch nach sexueller Erfüllung bestellt? Als sehr stark können Sie diesen bewerten, wenn

- Sie verglichen mit anderen mehr Zeit und Energie in die Suche nach romantischen Erlebnissen investieren;
- Sie auf eine beachtliche Anzahl von Sexualpartnern zurückblicken können;
- Sie sich öfter dabei ertappen, dass Sie andere Menschen danach bewerten, ob sie als potenzielle Sexualpartner in Frage kommen;
- Sie häufiger als andere Menschen Ihres Alters an Themen wie Sex denken;
- schön und attraktiv zu sein für Sie extrem wichtig ist.

Eher weniger bedeutsam ist dieses Bedürfnis für Sie, wenn

- Sie kaum oder gar nicht über Sexualität nachdenken;
- Sie sich schwertun, romantische Gefühle zu entwickeln;
- Sie so gut wie nie auf der Suche nach Sex sind;
- Ihnen Sex nichts bedeutet oder Sie Sex zuweilen sogar abstoßend finden.

Schätzen Sie Ihr Bedürfnis nach Lust und Schönheit als durchschnittlich ein, wenn Sie sich weder in die eine noch in die andere Kategorie einordnen würden.

Mein Bedürfnis nach Lust und Schönheit ist ...

○ stark
○ schwach
○ durchschnittlich

Leibliches Wohl

Ebenso wie Lust und Schönheit gehört auch das Bedürfnis nach Essen und Trinken zu den biologisch veranlagten Grundbedürfnissen des Menschen. Wir können sogar noch weitergehen: Wenn wir diesem Bedürfnis nicht in irgendeiner Form nachgeben, dann gefährden wir unser Überleben. Dessen ungeachtet gibt es eine große Bandbreite an Gewichtungen, die die einzelnen Menschen diesem Bedürfnis in ihrem Leben zuweisen. Denn neben dem biologischen Wert gibt es eine starke psychologische Komponente, die den schlichten Akt der Nahrungsaufnahme mit unserem leiblichen Wohlergehen verbindet.
Sicherlich finden auch Sie unter Ihren Bekannten und Verwandten Varianten wie diese: Während Onkel Heinz

schon beim Anblick eines lecker drapierten Schnitzels mit Kartoffelsalat das Wasser im Munde zusammenläuft, lässt sich Cousine Herta weder vom köstlichen Duft von Gesottenem und Gebratenem locken noch verspürt sie den unwiderstehlichen Drang, den Apfelstrudel zu probieren, wenn sie keinen Hunger hat. Und der beste Freund Erwin vergisst das Essen und Trinken manchmal sogar völlig, wenn ihn eine Aufgabe so sehr in Beschlag nimmt, dass er die Welt um sich herum vergisst. Wenn sich dann der Hunger lautstark meldet, genießt er nicht etwa ein ausführliches Mahl, sondern er schiebt sich hektisch einen Snack zwischen die Zähne, nur um seine Tätigkeit so schnell wie möglich wieder fortsetzen zu können. Agathe kann sich da nur entsetzt abwenden, denn für sie ist Essen immer mit Genuss verbunden, und sie wendet viel Zeit und Geld dafür auf, sich in guten Restaurants immer wieder neuen und ungewöhnlichen Gaumenfreuden hinzugeben. Das wiederum kann Thomas nicht nachvollziehen, denn die Liste der Speisen, bei denen er sich angewidert abwendet, ist ziemlich lang, und er würde lieber verhungern, als irgendetwas davon zu essen. Haben Sie sich in der einen oder anderen Variante wiedererkannt? Vielleicht fallen Ihnen ja noch weitere Varianten aus Ihrem Umfeld ein, was Menschen unter leiblichem Wohl verstehen – inklusive Ihrer eigenen.

Essen hat neben seiner physiologischen Funktion ein ganzes Spektrum an psychologischen Bedeutungen. Die meisten Menschen nehmen Nahrung auch dann zu sich, wenn sie gar nicht hungrig sind, sondern einfach weil ihr Appetit angeregt wurde und sie es genießen. Andere wiederum lassen es sich gerne in Gesellschaft schmecken und freuen sich auf gemeinsame Abendessen mit ihren Freunden oder das romantische Dinner zu zweit. Und wieder andere sehen Essen und Trinken völlig unabhängig davon, ob sie gerade Hunger haben oder nicht, sondern lieben es, ihren Gaumen mit luxuriösen Delikatessen zu kitzeln. Essen kann sich mit dem Bedürfnis nach Lust und Schönheit ebenso paaren wie mit dem nach Prestige und sozialem Kontakt.

Natürlich darf nicht verschwiegen werden, dass Essen und Trinken für viele Menschen auch zum Problem werden kann: Gerade die Menschen der westlichen Welt sehen sich angesichts von Fast Food und Burger-Kultur immer mehr mit den Folgen von Übergewicht und der Bedeutung der Lebensmittelqualität für die Gesundheit konfrontiert. Doch auch hier zeichnet sich ein Wandel im Bewusstsein der Menschen ab, angefangen von der Slow-Food-Bewegung bis hin zur Förderung von biologischem Anbau.

Es wäre der falsche Schluss, zu sagen, dass Menschen mit einem starken Bedürfnis nach Essen und Trinken zwingend auch Probleme mit ihrem Gewicht bekommen werden. Vielfach ist das Gegenteil der Fall. Und wahrscheinlich kennen auch Sie einen dieser beneidenswerten Menschen, der ohne Unterlass essen kann und nicht ein Gramm dabei zunimmt, während andere sich fortwährend in Zurückhaltung üben und schon beim Anblick einer Sahnetorte ein Pfund mehr auf den Hüften haben.

Dennoch gibt es einen Zusammenhang zwischen diesem Bedürfnis und ungesunder Ernährung, und der liegt weniger in uns selbst begründet als in der Art, wie uns Genuss über die Medien verkauft wird.

Sich wieder auf das eigene Bedürfnis, zu essen und zu trinken, zu besinnen, die Unterschiede zwischen dem, was jeder Einzelne unter leiblichem Wohl versteht, wieder zuzulassen, ist der erste Schritt hin zu einem Genuss von Speise und Trank, der unseren gesundheitlichen Bedürfnissen nicht widerspricht.

Anstatt sich auf die eigenen Geschmacksnerven zu besinnen, wieder schmecken und genießen zu lernen, wurden wir schon früh von der Lebensmittelindustrie auf einen einheitlichen Geschmack getrimmt, der uns als Qualitätsmerkmal verkauft wird: Wenn der Burger immer und überall auf der Welt genau gleich schmeckt, gilt dies als ein Beleg für Güte. Und da Menschen dem Bekannten eher zusprechen als dem Fremden, nehmen sie diese Form der Kontinuität dankbar an, auch wenn das Essen minderwertig und wenig genussvoll ist.
Wenn wir uns selbst zum Kriterium dafür machen, was uns guttut und was nicht, werden wir uns weitestgehend unabhängig machen können von der uniformierten Geschmackspolizei.

Und nun die Frage an Sie: Wie stark ist Ihr Bedürfnis nach leiblichem Wohl? Als sehr ausgeprägt können Sie dieses Bedürfnis bewerten, wenn Sie

- gerne essen, auch wenn Sie keinen Hunger haben;
- großen Wert auf Ihre Ernährung legen und sogar schon öfter Diäten gemacht haben;
- sich auf ein gutes Essen freuen können;
- die Qualität Ihrer Lebensmittel für wichtig erachten.

Eher weniger bedeutsam ist dieses Bedürfnis für Sie, wenn Sie

- nie über Ihre Ernährung nachdenken;
- nur essen, wenn Sie wirklich Hunger haben;
- hin und wieder vergessen, Nahrung zu sich zu nehmen;
- keine Gewichtsprobleme haben oder diese Ihnen nicht wichtig sind.

Schätzen Sie Ihr Bedürfnis nach leiblichem Wohl als durchschnittlich ein, wenn Sie sich weder in die eine noch in die andere Kategorie einordnen würden.

Mein Bedürfnis nach Essen und Trinken ist …

- ○ stark
- ○ schwach
- ○ durchschnittlich

Körperliche Aktivität

Mensch sein heißt, in Bewegung zu sein. Schon allein deshalb macht es vielen Freude, sich zu bewegen, Sport zu treiben und ihren Körper aktiv einzusetzen. Dieser Wunsch nach körperlicher Aktivität ist ein weiteres ganz grundlegendes menschliches Bedürfnis, das wir mit den meisten Tieren teilen: Haben Sie schon einmal Wohnungskatzen in ihren berühmten »5 Minuten« erlebt, wenn sie wie wild durch die Zimmer jagen, um sich körperlich gründlich abzureagieren? Auch Hundebesitzer kennen das. Ob Nero oder Waldi – der treue Vierbeiner ist erst dann so richtig glücklich, wenn er ordentlich Auslauf hatte. Nicht zuletzt deshalb legen sich viele Menschen einen Hund zu, weil sie dann selbst regelmäßig an die frische Luft kommen, sprich:

sich bewegen. Für viele gehört morgendliches Joggen ebenso zur täglichen Routine wie das Zähneputzen. Wenn dann über eine längere Zeit, zum Beispiel während einer Krankheitsphase, solche sportlichen Aktivitäten nicht mehr durchgeführt werden können, geraten sie nicht nur körperlich aus dem Gleichgewicht, ihnen fehlt auch so etwas wie der innere Ausgleich.

Davon zu unterscheiden ist der Trend, dem Fitnessstudios ihre gegenwärtige Beliebtheit verdanken. Die meisten, die dort schwitzend an den Geräten hängen oder sich auf Laufbändern um mehr Kondition bemühen, tun dies nicht, weil es ihnen so große Freude bereitet, sondern sie verfolgen andere Ziele: Gesundheit, Schönheit und Akzeptanz. Die körperliche Anstrengung, die damit verbunden ist, nehmen sie in Kauf – aber gäbe es nicht diese übergeordneten Ziele oder andere Vernunftgründe, würden sie ein Leben auf der Basis von Ruhe und Gemütlichkeit vorziehen. Wer jedoch ein echtes Bedürfnis nach körperlicher Aktivität hat, braucht Sport, um sich wohl zu fühlen. Einen anderen Grund als den Spaß an der Bewegung selbst gibt es für ihn nicht.

Auch das Erreichen von sportlichen Höchstleistungen fällt nur bedingt unter diesen Aspekt. Nicht selten steht hier die Suche nach Anerkennung und nach Durchsetzung im Vordergrund. Man muss also nicht Marathonläufer sein oder eine andere Form von Extremsport ausüben, wenn dieses Bedürfnis besonders stark in einem vorhanden ist. Vielleicht wandern Sie gerne, fahren lieber Rad oder gehen zu Fuß, anstatt sich mit dem Auto oder öffentlichen Verkehrsmitteln fortzubewegen. Oder Sie nehmen jede Gelegenheit wahr, Ihren Körper aktiv einzusetzen, sei es beim

Umzug Ihrer Freunde oder im eigenen Haushalt. Möglicherweise haben Sie auch einen Beruf gewählt, bei dem Sie ununterbrochen in Bewegung sind und sich viel an der frischen Luft aufhalten.

Es geht also weniger darum, auf sportlichem Gebiet zu brillieren oder gar Wettkämpfe zu gewinnen, sondern um die Freude daran, den Körper zu spüren, gerade dann, wenn wir uns verausgaben. Menschen, bei denen dieses Bedürfnis weniger stark ausgeprägt ist, vermeiden diese Verausgabung dementsprechend und kommen mit einem erheblich geringeren Maß an Bewegung aus, um sich wohl zu fühlen. Nicht jeder, der seine freie Zeit lieber auf der Couch bei einem Glas Wein und einem guten Buch verbringt, anstatt durch Wiesen und Wälder zu joggen, ist gleich ein Faulpelz. Wenn Sie zu der Sorte Mensch gehören, die nach jeder Anstrengung erst einmal eine Pause einlegen möchten, dann ist Ihr Bedürfnis nach körperlicher Aktivität einfach weniger prägend für Ihren individuellen Lebensstil.

Natürlich darf auch hier der gesundheitliche Aspekt nicht unter den Tisch fallen. Und da sind diejenigen, die körperliche Betätigung von vornherein als angenehm empfinden, zugegebenermaßen klar im Vorteil. Für den Rest wird es immer eine Frage der Disziplin sein.

Wie ist es um Ihr Bedürfnis nach körperlicher Aktivität bestellt? Wie groß ist Ihr Drang, sich physisch zu verausgaben? Sie können dieses Bedürfnis als hoch einstufen, wenn Sie

- schon immer viel Sport und Fitness in Ihrem Leben getrieben haben;

- sich nach körperlicher Anstrengung ausgeglichener und zufriedener fühlen;
- unruhig und nervös werden, wenn Sie sich über einen längeren Zeitraum nicht bewegen sollen.

Eher weniger bedeutsam für Ihr Leben ist die Erfüllung dieses Bedürfnisses, wenn Sie
- schon immer eher als gemütlicher Typ gegolten haben und sich nicht gerne hetzen lassen;
- eher Ruhe und Schlaf als Ausgleich zum Alltag brauchen als Bewegung und Fitness;
- nicht das Gefühl haben, dass Ihnen etwas fehlt, wenn Sie keinen Sport treiben.

Entsprechend durchschnittlich ist Ihr Bedürfnis nach körperlicher Aktivität, wenn Sie beides oder keines von beiden als zutreffend empfinden.

Mein Bedürfnis nach körperlicher Aktivität ist …
○ stark
○ schwach
○ durchschnittlich

Entspannung

Man könnte meinen, das Bedürfnis nach Entspannung sei einfach das Gegenstück zum Bedürfnis nach körperlicher Betätigung. Aber dieses für unser Überleben ebenso notwendige Bedürfnis ist mehr, als nur die Abwesenheit von Aktion. Vielmehr ist es gekennzeichnet durch den Wunsch nach einem psychischen Zustand, in dem wir uns frei von allen Irrungen und Wirrungen des Alltags fühlen, frei von

Stress, Ängsten und Erwartungen. Wir finden dieses Bedürfnis im Tierreich am ehesten dort wieder, wo sich Tiere bewusst zurückziehen, um Ruhe zu finden. Katzen scheinen zum Beispiel ein sehr hohes Bedürfnis nach Rückzug zu besitzen, denn wir finden sie mehr als die Hälfte ihrer Lebenszeit irgendwo an einem geschützten Plätzchen zusammengekringelt schlafend. Das Schlafbedürfnis selbst ist jedoch davon zu unterscheiden, sofern es nur darum geht, die »Batterien« wieder »aufzuladen«, also dem Körper die Möglichkeit zu geben, sich zu regenerieren. Andererseits erfüllt Schlaf eine zweite wichtige Funktion: die der Verarbeitung von Eindrücken auf psychischer Ebene. Hier setzt wieder das Bedürfnis nach Entspannung ein.

Es ist typisch für Menschen, bei denen dieses Bedürfnis Vorrang hat, dass sie immer wieder Zeit benötigen, um sich zurückzuziehen. In diesem Für-sich-Sein finden sie den Kontakt zu sich selbst und können das, was sie erlebt haben, verarbeiten und für sich integrieren. Finden sie keine Gelegenheit, diesem Bedürfnis nachzugehen, fühlen sie sich schnell unwohl und überfordert. Für gewöhnlich werden sie ihr Leben so einrichten, dass stressige Situationen eher die Ausnahme bilden, und sich immer fragen, ob eine Veränderung in ihrem Leben mehr Aufregung oder mehr Ruhe mit sich bringen wird.

Aber vielleicht gehören Sie zu der anderen Gruppe von Menschen, denen Entspannung und Stressfreiheit überhaupt nichts bedeuten. Wenn bei Ihnen dieses Bedürfnis nur schwach ausgeprägt ist, dann werden Sie Aufregung und Stress gewissermaßen als Lebenselixier empfinden und die Abwesenheit von Herausforderungen und Spannung als Kennzeichen von fehlender Lebendigkeit. Möglicherweise suchen Sie ganz bewusst nach Situationen, in denen Sie den besonderen »Kick« verspüren, zum Beispiel beim Bungee-Jumping oder bei anderen waghalsigen Aktionen.

Menschen hingegen, für die Entspannung wichtig ist, werden solche angstbesetzten Situationen eher meiden. Da Stress als besonders unangenehm erlebt wird, finden wir nicht selten Personen in dieser Gruppe, die geneigt sind, sich zum Beispiel durch Alkohol oder andere Substanzen zu beruhigen. Wer gut mit Stress umgehen kann, der hat typischerweise auch weniger Angst davor, sich zu verletzen, und kann Schmerzen besser aushalten. Wer jedoch lieber ein entspanntes und sorgenfreies Leben führen möchte, erlebt Schmerzen oft als unerträglich und tendiert dazu, eher übervorsichtig oder sogar ängstlich zu sein.

Üblicherweise glauben wir, dass jeder ein stressfreies Leben für erstrebenswert hält. Doch wenn wir uns umsehen, werden wir eine nicht unbeträchtliche Zahl von Menschen finden, die weniger die Entspannung als die Anspannung suchen. Einige von ihnen werden wir vielleicht für Workaholics halten, während wir andere möglicherweise als »grundnervös« einstufen. In dem Maße, in dem Begriffe wie Wellness werbewirksam sind, entsteht in unseren Köpfen die Vorstellung, dass wir uns entspannen müssen. Doch könnte es nicht auch sein, dass wir einfach ein geringeres Bedürfnis nach Entspannung haben als andere? Dass wir uns etwas Gutes tun, wenn wir aktiv sind und uns neuen Herausforderungen stellen, anstatt am Strand herumzuliegen oder ayurvedische Massagen zu »genießen«? In der Tat können mehr Menschen, als wir denken, diesen Bildern nicht sonderlich viel abgewinnen und suchen zum Beispiel im Urlaub eher das Abenteuer als ein Leben unter Palmen. Vielleicht gehören Sie ja auch dazu?

Überprüfen Sie anhand der folgenden Aussagen, wie stark Ihr Bedürfnis nach Entspannung wirklich ist. Stufen Sie es als hoch ein, wenn Sie

- sich selbst als eher ängstlich und vorsichtig einschätzen und auch von anderen so gesehen werden;
- schnell in Stress geraten und dann unbedingt eine Auszeit brauchen;
- problemlos eine Weile für sich sein können und die Ruhe genießen;
- konsequent Situationen vermeiden, die unangenehme Gefühle oder gar Schmerzen bedeuten könnten.

Ihr Bedürfnis nach Entspannung ist hingegen schwach, wenn Sie

- sich selbst als mutig und risikofreudig einschätzen und auch von anderen so gesehen werden;
- deutlich besser Stress aushalten als andere Menschen Ihres Alters;
- Stress als etwas Positives empfinden.

Durchschnittlich ist Ihr Bedürfnis nach Entspannung, wenn Sie sich beiden/keiner Gruppe zuordnen können.

Mein Bedürfnis nach Entspannung ist …

○ stark

○ schwach

○ durchschnittlich

Ihre wichtigsten Bedürfnisse …

Nachdem Sie nun die einzelnen Bedürfnisse kennengelernt haben und für sich prüfen konnten, welchen Stellenwert jedes einzelne in Ihrem Leben hat, können Sie das Ergebnis in folgende Tabelle übertragen:

Starke Bedürfnisse	Schwache Bedürfnisse	Durchschnittliche Bedürfnisse

Sehr wahrscheinlich werden Sie keine gleichmäßige Verteilung zwischen den drei Spalten vorfinden. Es kann sogar sein, dass Sie nur sehr wenige starke Bedürfnisse haben, einige schwache und jede Menge durchschnittliche. Aber genau das macht Ihr individuelles Bedürfnisprofil eben aus.

Doch uns interessieren zunächst nur die starken Bedürfnisse, denn sie bestimmen das, was für Sie unverzichtbar ist – und bilden damit den Kern Ihres Wabi-Sabi-Lebens. Deshalb schreiben Sie im nächsten Schritt Ihre starken Bedürfnisse in eine separate Tabelle und überprüfen gleichzeitig, welches dieser Bedürfnisse aktuell besonders wichtig für Sie ist. Dieses notieren Sie an erste Stelle. Dann folgt das zweitwichtigste, das drittwichtigste und so fort. Nehmen Sie sich für diese Liste ausreichend Zeit.

Meine aktuellen Bedürfnisse

1. Lesen, [illegible]
2. Weiterbildung, Gedächtnis
3. Ruhige, entspannte Atm.
4. Einen geordneten Haush.
5. Vorbereitung f. [illegible] Ableben
6. Vorb. Heim entrümpeln (7. Zimmer)
7. Heim außen u. innen sauber

Doch auch die momentane Wichtigkeit der starken Bedürfnisse für unser Leben schwankt. Gerade Menschen, die viele starke Bedürfnisse haben, vielleicht sogar solche, die sich eher im Widerstreit befinden, sollten sich öfter fragen, welches gerade Priorität besitzt.

Schließlich übertragen Sie Ihr Ergebnis in die folgende Grafik. Sie stellt Ihr aktuelles Bedürfnisprofil in konzentrischen Kreisen dar, wobei in der Mitte das gerade wichtigste Bedürfnis steht und im äußeren Kreis das gerade am wenigsten wichtige.

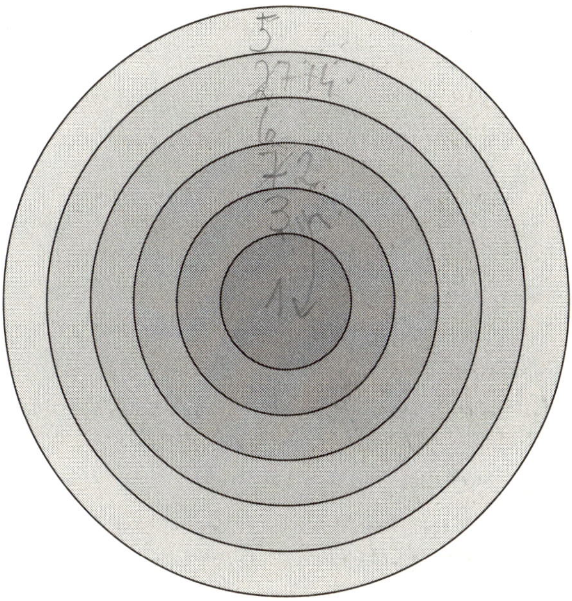

Überrascht Sie das Ergebnis? Manches haben Sie wahrscheinlich schon geahnt, doch vielleicht wird Ihnen angesichts dieser Illustration einiges, worauf es Ihnen im Leben ankommt, was Ihnen wirklich wichtig ist, zum ersten Mal richtig bewusst.

Ein Grund dafür, warum wir oft kein gutes Gespür für unsere wahren Bedürfnisse haben, liegt darin, dass wir uns häufig in Umgebungen aufhalten, in denen zum Teil etwas komplett anderes von uns gefordert wird. Unsere Bedürfnisse spielen oft genug einfach keine Rolle, und wir müssen uns den Bedingungen unserer Umwelt – am Arbeitsplatz, in der Familie, in der Partnerschaft – anpassen.

… und die Bedürfnisse der Umwelt

Um dies genauer zu untersuchen, ziehen Sie einfach einen Vergleich. Dazu überlegen Sie sich, welche Bedürfnisse in den verschiedenen Kontexten, in denen Sie sich täglich bewegen, einen hohen Stellenwert haben. Fangen Sie zum Beispiel mit der Partnerschaft an und überlegen Sie sich, welche der sechzehn Grundbedürfnisse dort eine große Rolle spielen:

1. daß alles an seinem Ort [illegible] wird, [illegible]
2. daß alles schnell erledigt wird
3. –"– ich …
4. daß ich mich organisiere u. [illegible]
5. daß ich fröhlich bin

…………………………………………

…………………………………………

…………………………………………

…………………………………………

…………………………………………

Dann versetzen Sie sich an Ihren Arbeitsplatz. Stellen sich Ihre Kollegen, Ihren Chef, Ihre Mitarbeiter vor. Welche Bedürfnisse besitzen dort einen hohen Stellenwert?

Wenn Sie eine eigene Familie haben, beziehen Sie auch diese in den Vergleich mit ein. Welche Bedürfnisse sind dort an erster Stelle zu befriedigen?

1. Wichtig Problem mit d. Fam. einzeln lösen
2. Etwas f. jeden tun. Beispiel Mi-[illegible]-[illegible] was? Samstag Imm Fam. [illegible], [illegible], Do [illegible]
Mi: Inga, Di Joh
Problem mit d. Küche.

Denken Sie auch an Ihre Eltern, an Ihre Herkunftsfamilie. Was war dort wichtig, worauf kam es dort an?

Für meine Mama waren wir als Kinder so wichtig u. ebenso f. meinen Vater. Ein gepflegtes Heim, Anspruch auf Kleider u. Wissen

Wie sieht es mit Ihren Freunden aus? Welchen Bedürfnissen begegnen Sie dort vorrangig?

Das miteinander Teilen, gedanklich, in bezug Weiterbildung; Kunst.

Fällt Ihnen noch ein Lebensbereich ein? Dann notieren Sie jetzt, was dort für wichtig gehalten wird:

Das Spielen am Klavier ……………………………

Das Auswendiglernen v. Gedichten ……………………

Sich kümmern um d. Familie als erstes

……………………………………………………

Schon während des Schreibens werden Sie wahrscheinlich einige Aha-Effekte haben, doch warten Sie noch einen Moment. Danach wählen Sie aus jedem Bereich jeweils das Bedürfnis aus, von dem Sie glauben, dass es am allerwichtigsten ist, sozusagen die Quintessenz aller Bedürfnisse. Dann sortieren Sie diese nach ihrer aktuellen Priorität – es könnte ja gut sein, dass einige der Lebensbereiche gegenwärtig keinen so großen Raum in Ihrem Leben einnehmen. Setzen Sie also das Bedürfnis Ihrer Umwelt an die erste Stelle, das Sie zurzeit am meisten in Beschlag nimmt. Und zum Schluss tragen Sie alle diese Bedürfnisse Ihrer Umwelt wieder in die Grafik aus konzentrischen Kreisen ein, wobei das wichtigste in der Mitte steht:

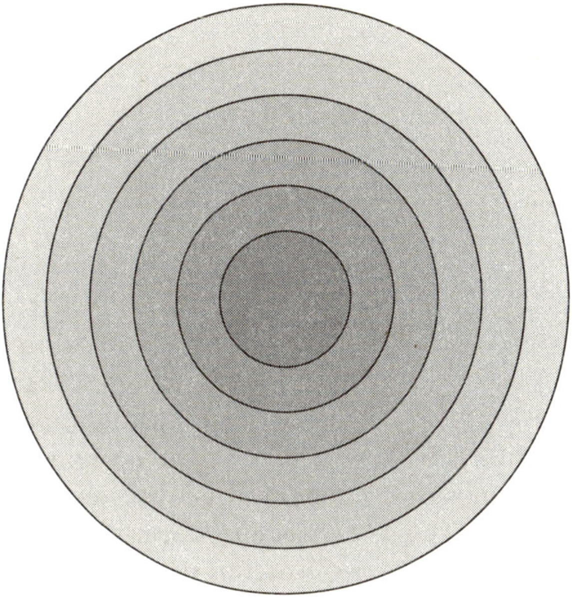

Nun brauchen Sie nur noch zu vergleichen. Bitte notieren Sie Ihre Erkenntnisse:

....

....

....

....

....

Wenn Sie möchten, können Sie sich nun einen Wabi-Sabi-Augenblick gönnen und sich folgende Frage stellen:

- Was könnten Sie tun, um Ihre jetzige Lage immer mehr den wirklichen Bedürfnissen in Ihrem Leben anzugleichen?

- Welche Prioritäten müssen Sie verschieben?
- Was für konkrete Konsequenzen hat dies auf Ihre aktuelle Situation?
- Was tun Sie – und sei es ein noch so kleiner Schritt –, um jetzt sofort eine Veränderung in Gang zu setzen?

Echte Zufriedenheit finden

Wie zufrieden sind Sie in Bezug auf die Erfüllung Ihrer wichtigsten Bedürfnisse? Sehr wahrscheinlich haben Sie festgestellt, dass es an einigen Stellen noch hakt und hapert. Die Gründe dafür sind, je nach Lebensbereich, vielfältig. Doch es wird Ihnen aufgefallen sein, dass die Hauptursache für ein Abweichen von Ihren ureigenen Bedürfnissen darin liegt, dass die Anforderungen Ihrer Umwelt in eine andere oder sogar in die entgegengesetzte Richtung weisen.

Nehmen wir an, Unabhängigkeit sei ein Bedürfnis mit einem sehr hohen Stellenwert für Sie. Was aber, wenn Sie an Ihrem Arbeitsplatz stets das tun müssen, was andere sagen, und Sie keinerlei Spielraum für eigene Vorstellungen haben? Möglicherweise sind Sie von Natur aus ein neugieriger Mensch. Was aber, wenn Sie durch zu viele Verpflichtungen davon abgehalten werden, Ihren Horizont zu erweitern?

Wenn die Erwartungen Ihrer Umwelt an Sie dem widersprechen, was Sie als ureigene Bedürfnisse in sich tragen, bekommen Sie ein Problem. Und wenn Sie sich nicht dazu durchringen, Ihre Bedürfnisse auch als elementar und lebenswichtig darzustellen, verharren Sie in einer Situation,

die Ihnen Leiden bringt und Sie weit davon entfernt hält, Ihr individuelles Glück zu finden.
Vielleicht ertappen Sie sich dabei, wie Sie versuchen, Ihre innere Unzufriedenheit mit äußeren Dingen zu kompensieren. Sicherlich kennen Sie das: Im Job läuft es komplett daneben – und Sie gönnen sich erst einmal etwas und gehen shoppen. In der Beziehung geht es drunter und drüber – und Sie gehen erst einmal zum Friseur. Sie kommen gestresst nach Hause, und Ihre Familie braucht Sie – doch Sie schalten erst einmal den Fernseher an. Die Angebote der Konsumgesellschaft bieten immer eine Möglichkeit, uns von der Tatsache abzulenken, dass wir nicht das bekommen, was wir wirklich brauchen. Sie übertünchen unser Gefühl der Unzulänglichkeit und versorgen uns kurzzeitig mit einem Trostpflaster für den inneren Mangel, den wir eigentlich spüren. Vielleicht glauben wir auch, dass unser Nachbar, unsere Freundin, unser Kollege oder unsere Chefin es besser getroffen haben als wir, dass sie glücklicher sind. Wenn wir uns unzufrieden mit unserem Leben fühlen, dann vergleichen wir gerne unsere Situation mit der anderer und glauben, dass andere es richtiger machen als wir, weil sie weniger arbeiten, mehr Freizeit haben, besser organisiert sind, mehr Geld verdienen oder einfach mehr Spaß an dem haben, was sie tun. In Wirklichkeit nützt uns der Blick auf das, was andere haben oder nicht haben, tun oder nicht tun, sehr wenig. Da jeder »seines eigenen Glückes Schmied« ist, können auch nur wir selbst für uns bestimmen, was für uns Glück bedeutet.

*Ihr Wabi-Sabi-Leben beginnt genau dort:
zu spüren, dass Sie nur dann glücklich sein können,
wenn Sie Ihr Leben an Ihren eigentlichen Bedürfnissen
ausrichten und so die Abhängigkeit von den
vorübergehenden Glücksmomenten verlieren.*

Da wir in der Regel aber mehrere Grundbedürfnisse als besonders wichtig empfinden, kann Unzufriedenheit nicht nur aus einem Mangel an Möglichkeiten, ein Bedürfnis zu stillen, entstehen, sondern auch durch seine Überbetonung. Wenn Sie eines der Bedürfnisse zu Lasten aller anderen Bedürfnisse in den Vordergrund stellen und die meiste Kraft in seine Befriedigung investieren, erzeugen Sie ebenso ein Ungleichgewicht. Wenn Sie in Ihrem Leben viele Gelegenheiten haben, Ihr Bedürfnis nach Selbstbehauptung zu erfüllen, Sie Karriere machen, sich Tag und Nacht für Ihren Job einsetzen und jede Minute damit verbringen, zu arbeiten, kann es gut sein, dass Sie Ihr Bedürfnis nach Kontakt vernachlässigen oder das Bedürfnis nach Entspannung.
Ziel ist also nicht nur, die Bedürfnisse zu entdecken und sie als etwas Elementares und für Ihr Glück Unabdingbares zu erkennen, sondern die Bedürfnisse in eine Balance zu bringen, die allem gerecht wird. Wabi Sabi kann Ihnen zeigen, wie Sie verhindern, dass die Übertreibung eines Bedürfnisses auf Kosten der Harmonie des gesamten Lebens geht. Der Gedanke, dass an dieser Stelle weniger mehr ist und sich jedes Bedürfnis auch auf eine Wabi-Sabi-Art verwirklichen lässt, kann Ihnen helfen, nicht nur vorübergehendes Vergnügen bei der Erfüllung Ihrer typischen Grundbedürfnisse zu finden, sondern eine tiefer greifende Befriedigung, ein echtes Glücksempfinden.

Vergnügen und Glück

Wenn sich eines unserer Bedürfnisse erfüllt, dann empfinden wir das in aller Regel als etwas, das uns Vergnügen bereitet. Erinnern Sie sich an den Restaurantbesuch aus der Einleitung dieses Buches? Diese Geschichte zeigt einen wesentlichen Unterschied zu dem, was wir für gewöhnlich unter Vergnügen verstehen, und dem, was Vergnügen aus der Sicht von Wabi Sabi sein kann.

Wenn wir etwas Gutes essen, uns entspannen, einen schönen Film im Kino sehen oder ein spannendes Buch lesen, dann haben wir Spaß an einer Sache – wir empfinden für den Augenblick dieser Aktivität Vergnügen. Im Gegensatz dazu strebt Wabi Sabi einen Zustand an, in dem es nicht einfach nur um den Spaß des Augenblicks geht, sondern um eine dauerhafte innere Freude am Leben, ein Zustand, den wir am besten mit dem Wort »Glück« beschreiben können.

Dieses Glücksempfinden ist nicht abhängig davon, dass wir etwas tun, was uns gerade Spaß macht und angenehm ist – es kann sich ganz im Gegenteil auch einstellen, wenn wir uns anstrengen oder sogar etwas tun, das uns, oberflächlich betrachtet, unangenehm ist. So ist der Aufstieg auf einen Berg sicherlich eher anstrengend, aber den Gipfel erreicht zu haben beflügelt uns und gibt uns ein tiefes Gefühl von Zufriedenheit, von dem wir noch lange zehren. Oder denken Sie an den Marathonläufer, der sich bewusst unglaublichen körperlichen Strapazen aussetzt, dessen Glücksempfinden jedoch unbeschreiblich ist, wenn er die Ziellinie durchläuft. Eltern durchleben normalerweise mit ihren Kindern auch sehr problematische, wenig vergnügliche Situationen, und dennoch werden die meisten Mütter und Väter sagen, dass ein Kind großzuziehen Quelle großen Glücks sein kann. Der Psychologe Mihaly Csikszentmihalyi macht darauf aufmerksam, dass Glück im Wesentlichen darin besteht, in einer Sache völlig aufzugehen, egal wie schwierig und anstrengend sie auch erscheinen mag. Diesen Zustand nennt er *flow,* »im Fluss sein«.

Immer mehr – immer neu?

Das einfache Vergnügen ist nur von kurzer Dauer, vielleicht können wir es für ein paar Stunden aufrechterhalten. Wenn wir mehr davon wollen, müssen wir nach neuen Reizen Ausschau halten: die nächste Party, den nächsten One-Night-Stand, das nächste Paar Schuhe. Ein typisches Merkmal von Vergnügungen dieser Art ist, dass sie schnell abstumpfen, wenn sie wiederholt werden, und wir dann einen stärkeren Impuls brauchen, um das gleiche Spaßgefühl bei einer ähnlichen Aktivität zu entwickeln. Wir gewöhnen uns an den Effekt. Langeweile stellt sich immer öfter ein, und die Suche nach dem nächsten Kick kann sehr viel Lebenszeit und Energie in Anspruch nehmen.

Die Konsumgesellschaft baut in den meisten Fällen darauf, uns immer wieder neue Reize anzubieten, um unseren Durst nach Vergnügen zu stillen. Betrachten Sie einfach die Marketingstrategien für Konsumgüter: Sobald eine gewisse Sättigung im Markt eingetreten ist, lockt uns die

Industrie mit noch aufwendigeren, noch aufregenderen, noch spektakuläreren Produkten. Ob Spielekonsole, Rasierapparat, Bohrmaschine, Auto oder Antifalten-Creme – jedes Nachfolgeprodukt verspricht ein noch größeres Vergnügen.

Das Glück, das wir erfahren, wenn wir Wabi Sabi in unserem Leben stärken, ist im Gegensatz dazu ein lang anhaltender Zustand und nutzt sich nicht ab. Wer es einmal erfährt, der braucht nicht ununterbrochen neue Stimulanzien, um es aufrechtzuerhalten.

Jeder von uns kennt Momente, die von dieser Art des Glücks erfüllt sind. Oft sind sie mit Erfahrungen von Schönheit und Liebe verbunden, zum Beispiel beim Anblick eines Sonnenuntergangs, einer vorüberziehenden Sternschnuppe oder in der Gegenwart des Partners oder der Kinder. Typisch für dieses Wabi-Sabi-Glück ist, dass wir es uns immer wieder mit der gleichen Intensität ins Bewusstsein rufen können, auch wenn unser Partner, unsere Familie nicht anwesend sind oder wenn der herrliche Sonnenuntergang als Bild schon längst in der Erinnerung verblasst ist. Dennoch ist das, was wir dabei erlebt haben, ein unauslöschlicher Teil unserer Existenz geworden und daher immer gegenwärtig. Wenn wir einen Augenblick höchsten Glücks erlebt haben, zum Beispiel wenn wir für unsere Leistungen ausgezeichnet wurden, wenn wir ein Projekt erfolgreich zum Abschluss gebracht haben, einen Wettbewerb gewonnen oder jemandem geholfen haben und dabei über uns selbst hinausgewachsen sind, dann steht uns die Kraft dieses Augenblicks auch dann zur Verfügung, wenn er bereits vergangen ist.

Ein weiterer wesentlicher Unterschied zwischen bloßem Vergnügen und echtem Glück besteht darin, dass Glück von jedem Menschen erreicht werden kann, ungeachtet der Umstände, in denen er sich befindet. Das Glück des Augenblicks, wie es Wabi Sabi zelebriert, steht allen Menschen jederzeit und an allen Orten zur Verfügung, es kostet nichts und es bedarf keiner Erlaubnis.

Vergnügen hängt häufig von den Mitteln ab, mit denen es erreicht werden kann. Nicht selten müssen wir über die entsprechenden finanziellen Ressourcen verfügen, um Spaß zu haben. Es gibt Situationen, in denen wir schwerlich von Vergnügen sprechen können, wie große Armut, schwere Krankheit, schwierige politische Umstände und Einsamkeit.

Der Unterschied zwischen Vergnügen und Glück liegt in erster Linie darin, dass Glück uns bewusstmacht, dass unser Leben Bedeutung besitzt. Dass wir so, wie wir sind, einzigartig sind und nicht von den Umständen abhängen. Es ist ein Gefühl von Freiheit. Vergnügen hingegen macht uns abhängig von Angeboten, die von außen auf uns zukommen. Wenn der Reiz ausbleibt, verlieren wir das Interesse und es wird langweilig – wir müssen uns nach etwas Neuem umsehen, das unsere Aufmerksamkeit zu fesseln imstande ist.

Wabi-Sabi-Glück entsteht in uns und bleibt uns dort als Kraftquelle erhalten. Viele Menschen, die schwere Schicksalsschläge erlitten haben, berichten, dass sie in der tiefsten Not durch die Erinnerung an das, was ihrem Leben Sinn und Bedeutung gibt, den Willen zum Überleben erhalten konnten: der Gedanke daran, noch eine Aufgabe in dieser Welt zu haben, die Kinder groß werden zu sehen, sich noch einen großen Wunsch zu erfüllen.

Bedeutet ein Leben im Sinne von Wabi Sabi, auf Vergnügen zu verzichten? Keineswegs. Verzicht auf Vergnügen an sich ist kein Kennzeichen von Wabi Sabi, sondern die Suche nach Bedeutung im Leben. Das kann zur Folge haben, dass wir uns dazu entschließen, eine Weile auf manche Annehmlichkeiten zu verzichten, einfach um herauszufinden, ob wir sie wirklich benötigen und ob sie unser Leben in eine Richtung beeinflussen, die uns glücklicher und zufriedener macht oder eben nicht.

Wabi Sabi bedeutet nicht, auf etwas zu verzichten, was mir Freude bereitet – solange ich dadurch nicht mir selbst oder anderen Schaden zufüge. Wenn ich beispielsweise gerne Wein trinke, dann sollte ich das auch weiterhin tun. Problematisch wird es erst dann, wenn ich vom Weingenuss abhängig werde und in den Alkoholismus rutsche: In diesem Falle füge ich mir eindeutig Schaden zu und möglicherweise auch meiner Familie, weil ich unter dem Einfluss dieser Sucht meiner Verantwortung nicht mehr gerecht werden kann.

Die Vermeidung von Vergnügen kann ebenso ein Kennzeichen von fehlendem Wabi Sabi im Leben sein wie die übertriebene Suche danach. Viele Menschen vermeiden Dinge, die ihnen guttun, weil sie Angst haben vor dem möglichen Verlust, der wiederum mit Schmerz und Leiden einhergeht. So mag jemand auf Partnerschaften verzichten aus Angst davor, verlassen zu werden. Ein anderer mag auf Alkohol verzichten, weil er die Kontrolle nicht verlieren will und Angst vor dem Kater am nächsten Morgen hat. Wieder ein anderer verzichtet auf jede kulinarische Köstlichkeit, weil er Angst hat, sein Idealgewicht zu verlieren. Sie sehen: Verzicht alleine ist nicht das Wesen von Wabi Sabi – wohl aber die Beschränkung auf das, was wir wirklich brauchen, nicht mehr, aber auch nicht weniger.

Die Kenntnis Ihrer wesentlichen Bedürfnisse kann Ihnen helfen, Glück im Leben zu finden, indem Sie Ihre Ziele immer mehr an diesen Bedürfnissen ausrichten und immer weniger an den Ansprüchen und Erwartungen der Außenwelt. Das Leben wird dadurch nicht ärmer, sondern reicher und vielfältiger, weil Sie zu dem werden, was Sie sind – und nicht mehr zur Kopie dessen, was Sie glauben sein zu müssen.

Was mir Vergnügen bereitet – und was mich glücklich macht

Für diese Übung erstellen Sie sich zunächst eine Liste von verschiedenen Dingen, die Ihnen Spaß machen. Wählen Sie Aktivitäten aus, die Sie bereits in Ihren Alltag integriert haben, aber auch solche, von denen Sie glauben, dass Sie Ihnen Vergnügen bereiten würden. Markieren Sie diese zusätzlich mit einem Kreuz.

1. Das bereitet mir Vergnügen:

Wenn ich ein Puzzle fertigstellen kann. Wenn ich d. Rollenspiel beim Geburtstag lösen kann. Wenn ich das Spiel an Weihnachten begreif.

2. Welche dieser Vergnügungen bereitet Ihnen den meisten Spaß? Verteilen Sie einfach Noten: 1 für den größten Spaßfaktor und 6 für den geringsten. Am meisten macht mir Spaß/würde mir Spaß machen:

[Kreativ etwas zu gestalten => beispielsw. eine hübsche Gestaltung d. Wohnzimmers]
1. Puzzle 5?, Rollenspiel 4, Weihn. 5

3. Nun nehmen Sie Ihr Bedürfnisprofil zur Hand. Vergleichen Sie bitte, ob die Aktivitäten, die Ihnen Spaß machen, zugleich auch Ihre wichtigsten Bedürfnisse stillen. Wie gut erfüllt das, was mir Vergnügen bereitet, meine wichtigsten Bedürfnisse?

Denken zu können, flexibel zu sein, Schlußfolgerungen zu ermitteln

Angenommen, Sie stellen fest, dass das, was Ihnen Vergnügen bereitet, wenig oder gar nichts mit Ihren eigentlichen Bedürfnissen zu tun hat: Was schließen Sie daraus? Es könnte ein Anlass sein, sich darüber Gedanken zu machen, welche Aktivitäten Sie in Ihrem Leben verstärken müssen, um zu einer größeren Zufriedenheit zu gelangen. Wenn Sie feststellen, dass Sie mit Ihrer gegenwärtigen Situation nicht zufrieden sind, weil das, was Sie tun, in Wirklichkeit nichts mit dem zu tun hat, was Sie wirklich wollen,

dann überlegen Sie zunächst für jedes Bedürfnis, das auf Ihrer Liste steht, ob es daran liegt, dass Sie es gar nicht ausleben können oder ob Sie es sogar übertreiben. Überlegen Sie, ob Sie mehr oder weniger haben wollen und ob dies Ihr Leben glücklicher machen würde. Auf der Basis dieser Überlegungen können Sie schließlich praktische Schritte zur Veränderung Ihrer Situation einleiten.
Vielleicht helfen Ihnen folgende Skizzen dabei, herauszufinden, wo Sie zu viel oder zu wenig Ihrer wichtigsten Bedürfnisse ausleben und welche nächsten Schritte Ihnen helfen könnten, ein inneres Gleichgewicht zu finden und damit den Grundstein für ein Wabi-Sabi-Leben zu legen. Es geht dabei nicht darum, Ihnen ein komplettes Programm zur Umstrukturierung Ihres Lebens anzubieten, sondern darum, den ersten Anstoß zu geben, den ersten kleinen Schritt. Die Übungen in diesem Kapitel sind als solche ersten kleinen Schritte zu verstehen. Sie geben Ihnen die Gelegenheit, möglichst unmittelbar mit Ihren Bedürfnissen in Kontakt zu treten und eine erste Ahnung davon zu bekommen, wohin Sie die Reise künftig führen könnte. Sie wissen ja: Auch die längste Reise beginnt mit einem ersten Schritt und sei er noch so klein – und der Flügelschlag eines Schmetterlings kann am anderen Ende der Welt einen Sturm auslösen. Alles, was Sie jetzt gleich tun, kann der Stein sein, den Sie bewegen müssen, um die Reihe der Dominosteine anzustoßen.

Selbstbehauptung

Förderlich ist …

- sich mit anderen zu messen
- sich Wettbewerbssituationen zu stellen: zum Beispiel bei

einem sportlichen Wettkampf, bei einem Gesangswettbewerb oder Ähnlichem
- auf eine Führungsposition hinzuarbeiten

Ausgleichend ist …
- weniger zu arbeiten und bewusst Pausen einzulegen
- immer nur genau so viel zu leisten, um sich wohl zu fühlen
- nicht zu viele Verpflichtungen einzugehen

Wenn Sie es bis jetzt nicht fertiggebracht haben, Ihrem Bedürfnis nach Selbstbehauptung Ausdruck zu verleihen, dann kann das daran liegen, dass Sie sich Ihrer Stärken nicht bewusst sind. Dabei kann Ihnen die Übung auf Seite 54 nützliche Hinweise geben. Wenn Ihnen jedoch einfach der Mut fehlt, den ersten Schritt zu wagen, dann sollten Sie sich folgende Übung vornehmen:

1. Zeichnen Sie auf ein Blatt Papier einen Kreis. Alles, was sich in diesem Kreis befindet, soll für Ihre gegenwärtige Situation stehen, alles, was sich außerhalb des Kreises befindet, für das, was Sie erreichen wollen. Um nach außen zu kommen, müssen Sie also die Kreislinie durchschreiten.

2. Schreiben Sie aber zuerst in die Mitte des Kreises alle Ihre guten Eigenschaften und alle Stärken: Das sind die Ressourcen, die Ihnen im Hier und Jetzt zur Verfügung stehen!

3. Dann notieren Sie alles, was Ihnen zum Bereich außerhalb des Kreises einfällt: Ihre Ziele, Ihre Wünsche, Ihre

Hoffnungen und Erwartungen für die Zukunft. Malen Sie sich aus, wie Sie sein werden, wenn Sie die Kreislinie durchbrochen haben.

4. Jetzt erinnern Sie sich bitte an einen Augenblick in Ihrem Leben, in dem Sie schon einmal die Kreislinie überwunden haben. Erinnern Sie sich, wie Sie sich damals gefühlt haben? Wissen Sie noch, was Sie damals anders gemacht haben als jetzt? Welche der Kompetenzen, die Sie in die Mitte des Kreises geschrieben haben, hat Ihnen damals geholfen?

5. Wählen Sie aus dem Außenkreis ein Thema, ein Ziel oder eine Vision, die mit Ihrer bereits trainierten Kompetenz leicht zu erreichen sein dürfte. Ziehen Sie jetzt einen Pfeil von dieser Kompetenz zu diesem Ziel und durchbrechen Sie den Kreis!

6. Merken Sie den Unterschied? Wenn ja, dann sollten Sie überlegen: Was kann ich sofort tun, um dem Ziel ein Stück näher zu kommen? Welcher Herausforderung stelle ich mich heute?

Unabhängigkeit

Förderlich ist …

- sich einen Raum zu schaffen, wo Sie ungestört für sich sein können: zum Beispiel ein eigenes Zimmer, einen geheimen Ort im Park etc.
- sich Fähigkeiten selbst anzueignen, um sich nicht auf andere verlassen zu müssen: Heimwerkerkurse besuchen, Sprachen lernen, Buchhaltungsseminare besuchen

Ausgleichend ist …

- sich zuzugestehen, dass Sie auch Hilfe in Anspruch nehmen dürfen, wenn Sie mal nicht weiterwissen
- Freunde, Familie und Partner um aktive oder emotionale Unterstützung zu bitten

Unabhängigkeit bedeutet in erster Linie, sich frei von den Einflüssen anderer zu machen, oder genauer: immer selbst entscheiden zu können, wie weit und wann man sich auf einen anderen Menschen, eine Situation oder eine Stimmung einlässt. Wenn Sie ein starkes Bedürfnis nach Unabhängigkeit haben, werden Sie vermutlich Situationen, in denen Sie zu vielen Einflüssen von außen ausgesetzt sind, eher meiden. Vielleicht gehen Sie großen Menschenansammlungen aus dem Weg oder ziehen sich zurück, wenn Sie das Gefühl haben, von allen Seiten bedrängt zu werden. Wenn man es genau betrachtet, sind Sie dann aber wieder abhängig von der Möglichkeit, sich zurückziehen zu können. Wäre es da nicht gut, wenn Sie einen Ort hätten, an dem Sie zu jeder Zeit Schutz vor den Einwirkungen der Außenwelt suchen können?
Einen solchen Ort können Sie sich über eine einfache Imaginationstechnik jederzeit ins Bewusstsein rufen. Das heißt, Sie speichern das Bild eines Ortes, der Ihnen Schutz vermittelt, in Ihren Gedanken und rufen das Bild in Situationen ab, in denen Sie Rückzug und Geborgenheit benötigen, aber nicht erreichen können. Sie glauben, das funktioniert nicht? Dann probieren Sie es am besten aus und überzeugen sich selbst.
Zunächst sollten Sie sich an einen Ort begeben, der für Sie alle Qualitäten besitzt, die Sie sich von einem Schutzort

erwarten. Das kann ein Platz in der Natur sein oder auch Ihr Lieblingszimmer zu Hause. Orte in der freien Natur haben den Vorteil, dass sie mehr Kraft geben können und auch leichter zu visualisieren sind. Kennen Sie einen Ort in Ihrer Nähe? Vielleicht in einem Park? In Ihrem Garten? Am Fluss oder auf einem Hügel in Ihrer Nähe? Vielleicht befindet sich ja ein Baum dort – dann suchen Sie den Schutz dieses Baumes auf. Andererseits haben Privaträume den entscheidenden Vorteil, dass wir sicher sein können, ungestört zu bleiben.

Wenn Sie einen Ort gewählt haben, begeben Sie sich dorthin:

- Stellen Sie sich in die Mitte des Raumes oder Platzes und nehmen Sie Kontakt mit Ihrem Körper auf, indem Sie ganz leicht hin und her, vor und zurück schwanken und so den besten Stand für Ihre Füße herausfinden. Konzentrieren Sie sich eine Weile darauf, ganz gerade im Raum zu stehen.
- Heben Sie den Zeigefinger einer Hand und zeigen Sie mit ausgestrecktem Arm vor sich auf den Boden, und zwar auf einen Punkt, der einige Schritte von Ihnen entfernt liegt.
- Formulieren Sie nun die Absicht, einen Schutzkreis zu ziehen. Rufen Sie alle Assoziationen in sich wach, die Ihnen dafür hilfreich erscheinen und die Sie mit Schutz verbinden: Vielleicht erinnern Sie sich an Situationen, in denen Sie sich besonders gut aufgehoben und geschützt gefühlt haben.
- Wenn diese Absicht in Ihnen ganz klar ist, »schicken« Sie Ihre Aufmerksamkeit in die Fingerspitze Ihres Zeigefingers. Nehmen Sie sich ruhig ausreichend Zeit, bis

sich das Empfinden einstellt, dass die Aufmerksamkeit dort »angekommen« ist. Verbinden Sie sich mit dem Punkt auf dem Boden, auf den Ihr Zeigefinger zeigt, indem Sie Ihre Aufmerksamkeit genau dorthin lenken.

- Nun drehen Sie sich ganz langsam um die eigene Achse, ohne die Aufmerksamkeit aus dem Finger zu nehmen, während Sie gleichzeitig einen Kreis auf dem Boden um sich herum »zeichnen«. Sie können sich dazu hilfreiche Bilder überlegen, zum Beispiel, dass Ihr Finger eine Lichtspur hinterlässt und sich der Kreis als ein Lichtkreis um Sie herum aufbaut. Oder Sie stellen sich vor, wie die Kraft aus Ihrem Finger eine Mauer oder einen Erdwall um Sie herum errichtet. Wählen Sie das Bild, das Ihnen am leichtesten fällt.
- Wenn Sie sich einmal ganz um Ihre eigene Achse gedreht haben und der Kreis geschlossen ist, können Sie den Arm wieder senken und die Aufmerksamkeit wieder in Ihre Körpermitte holen.
- Schließen Sie die Augen und spüren Sie einige Zeit der Anwesenheit des Schutzkreises nach. Beobachten Sie die Unterschiede in Ihren Körperempfindungen: Was hat sich seit dem Ziehen des Kreises verändert?

Wenn Sie sich nun in einer Situation befinden, in der Sie das Bedürfnis nach einem solchen Schutzkreis haben, zum Beispiel in einer hitzigen Diskussion, in einer überfüllten U-Bahn oder einfach an einem Ort, an dem Sie sich unwohl fühlen, dann können Sie diesen Schutzkreis ganz schnell in sich wachrufen, indem Sie im Geiste diesen Ort aufsuchen und den Kreis um sich ziehen. Mit einiger Übung geht das blitzschnell. Sie können dieses Ritual auch mit einer unauffälligen Handbewegung begleiten, die vielleicht den Kreis nachahmt. Sie werden schnell merken, wie der Stress von Ihnen abfällt und Sie sich ganz ruhig und in Ihrer Mitte fühlen. Sie betrachten nun das Geschehen wie von innen nach außen – es berührt Sie nicht ungefragt, und Sie können selbst entscheiden, wann Sie sich darauf einlassen wollen.

Neugier

Förderlich ist …

- sich Zeit und Raum zu schaffen, um den intellektuellen Neigungen nachgehen zu können, zum Beispiel feste Zeiten einplanen, an denen Sie ungestört lesen können
- Reisen zu unternehmen
- sich fortzubilden und Studien zu betreiben, sofern diese wirklich der Befriedigung der eigenen Neugier dienen und nicht der Aufbesserung des Status
- sich einen Kreis Gleichgesinnter zu suchen oder aufzubauen, mit denen Sie sich geistig austauschen können

Ausgleichend ist …

- nach intellektueller Überlastung eine reizarme körperliche Aktivität zu beginnen und die Sinneskanäle bewusst zu aktivieren

Worauf warten Sie noch? Schnappen Sie sich einen Katalog und stöbern Sie nach interessanten Reisezielen. Sie haben ein, zwei Stunden Zeit? Dann suchen Sie die nächstgelegene Buchhandlung auf und lesen einmal quer durch die Regale, bis Sie etwas finden, das Ihr Interesse weckt. Wenn ein bestimmtes Thema Sie reizt, dann erkundigen

Sie sich nach Fortbildungsmöglichkeiten, zum Beispiel im Internet. Überhaupt ist dieses Medium ideal, weil es Ihren Informationshunger in jeder Hinsicht zu stillen versteht. Wenn Sie Motivation von außen benötigen, dann rufen Sie einfach Ihre beste Freundin an und vereinbaren mit ihr einen festen Termin für den Besuch einer Ausstellung, die Sie schon lange sehen wollten. Oder nützen Sie die nächste freie Minute für eine Museumsvisite. Merken Sie, wie viele Möglichkeiten Sie haben, gleich loszulegen?

Zugehörigkeit

Förderlich ist …

- sich einer Gemeinschaft anzuschließen, zum Beispiel einem Verein, einem Club oder einer anderen Gruppe
- der Pflege und Intensivierung von bereits bestehenden Beziehungen Zeit zu widmen: Familienfeiern ausrichten, Treffen mit Freunden organisieren, feste Zeiten für Zweisamkeit mit dem Partner einplanen

Ausgleichend ist …

- das Selbstbewusstsein zu stärken, indem Sie Kritik als wertvolles Feedback erkennen
- sich einen professionellen Coach zu suchen, mit dem Sie lernen, konstruktiv mit Kritik umzugehen

Feedback zu geben und Feedback zu nehmen ist oft gar nicht so einfach. Dabei ist Feedback so wichtig für uns, denn jeder hat bestimmte »blinde Flecken« in seinem Leben, die ihm nicht von alleine bewusst werden, sondern für die er die Rückmeldung der Umgebung benötigt. Vielleicht machen wir viele Dinge falsch oder zur Unzufriedenheit anderer – und merken es nicht einmal. Wie aber können wir das ändern? Indem uns jemand entsprechendes Feedback gibt.

Als Mensch, dem Zugehörigkeit sehr wichtig ist, fällt es Ihnen möglicherweise schwerer als anderen, Feedback entgegenzunehmen, weil Sie sich schnell kritisiert und dadurch ausgeschlossen fühlen. Die folgenden Regeln können Ihnen helfen, eine andere Haltung Kritik gegenüber zu entwickeln – auch wenn diese vielleicht harscher ausfällt, als Sie es sich wünschen.

- Hören Sie erst einmal zu: Wir tendieren dazu, uns bei negativer wie auch positiver Kritik sofort zu verteidigen oder gar zu rechtfertigen. Doch damit vergeben wir die Chance, genau wahrzunehmen, was der andere sagt. Hören Sie deshalb einfach nur zu, versuchen Sie nachzuvollziehen, was er Ihnen mitzuteilen hat.
- Lassen Sie das Feedback auf sich wirken: Wie ist es für Sie, wenn Sie erfahren, wie Sie gesehen werden? Sie müssen die Rückmeldung ja nicht sofort annehmen. Doch vielleicht steckt ja auch ein Körnchen Wahrheit darin? Dazu sollten Sie sich Zeit lassen, vielleicht sogar eine Nacht darüber schlafen. Am nächsten Tag können Sie immer noch entscheiden, die Hinweise aufzunehmen oder sie zurückzuweisen. Denn jeder hat seine Sicht der Welt – und niemand ist gezwungen, sich nach dem Bild eines anderen zu richten. Wichtig ist allein, dass Sie entscheiden, was Sie mit der Rückmeldung anfangen wollen.
- Feedback ist ein Geschenk: Wenn Sie diesen Gedanken verinnerlichen und sich von ihm leiten lassen, können Sie Feedback als das akzeptieren, was es eigentlich sein

sollte – ein Geschenk. Denken Sie immer daran: Selbst wenn Sie etwas zu hören bekommen, das Ihnen nicht so schmeckt – Ihrem Gegenüber sind Sie als Person wichtig, sonst würde er oder sie sich nicht die Zeit nehmen und die Mühe machen, Ihnen überhaupt ein Feedback zu geben.

- Werden Sie ein Feedback-Jäger: Warum sollten wir eigentlich abwarten, bis jemand auf die Idee kommt, uns Rückmeldung zu geben? Da Feedback so wertvoll für unsere Persönlichkeitsentwicklung ist, können wir es uns doch auch abholen, wenn wir das Bedürfnis danach haben. Fragen Sie einfach die Menschen in Ihrer Umgebung regelmäßig, wie es ihnen mit Ihnen gerade geht, ob sie gern etwas ändern würden beziehungsweise was für sie gerade gut läuft und so bleiben soll. Auf diese Weise nehmen Sie negative Kritik vorweg, die sich möglicherweise ohne Ihre Absicht über längere Zeit in den anderen aufgestaut hat und sich dann oft in weniger angenehmen Situationen entlädt.

Wenn Sie es sich zur guten Gewohnheit machen, Ihre Umwelt regelmäßig als Spiegel für sich selbst zu betrachten, werden Sie schon bald feststellen, wie sich in Ihnen eine immer größere Gelassenheit gegenüber den Meinungen anderer entwickelt.

Ordnung

Förderlich ist …

- den Alltag zu planen
- sich Ideen zur besseren und effizienteren Organisation zu holen, zum Beispiel im Beruf oder in der Familie

- Rituale und »gute Gewohnheiten« in den Alltag einzubauen, zum Beispiel eine morgendliche Meditation immer zur gleichen Zeit

Ausgleichend ist …
- Unregelmäßigkeiten im Leben zuzulassen
- Regeln und Routinen bewusst zu hinterfragen und im Zweifelsfall zu brechen
- mit anderen Menschen über ihre Sichtweise von Ordnung zu sprechen, um den eigenen Sinn für Ordnung zu relativieren

Wenn Ihnen Ordnung wichtig ist, dann haben Sie sehr wahrscheinlich am ehesten ein Problem damit, dass die Mehrheit der Menschen, die Sie kennen, grundsätzlich andere Vorstellungen von Ordnung hat als Sie – der typische Sprengstoff in Partnerschaften, Familien, aber auch am Arbeitsplatz. Da hilft nur eins: Sprechen Sie Ihr Bedürfnis aus! Die Mehrzahl der Menschen, die Ordnung nicht als eine ihrer Prioritäten ansehen, bemerkt gar nicht, dass sie Sie durch ihr Verhalten auf die Palme bringt. Daher kann nur Kommunikation helfen. Da aber ein so sensibles Thema, wenn es angesprochen wird, in der Regel in Streitgespräche mündet, wobei beide Seiten darauf beharren, dass der andere sich anzupassen habe, könnten Sie sich ein paar Empfehlungen der gewaltfreien Kommunikation nach Marshall Rosenberg zunutze machen:

1. Sprechen Sie das Thema sofort an, wenn Ihnen etwas Konkretes auffällt. Warten Sie nicht darauf, bis sich Ihre Wut angesammelt hat, sondern gehen Sie in medias res.

2. Beginnen Sie damit, Ihre Beobachtung zu schildern. Vermeiden Sie dabei Bewertungen und Verallgemeinerungen (»Nie räumst du auf«, »Deinen Saustall kann ich nicht ertragen«), sondern beschreiben Sie einfach das, was tatsächlich ist: »Hier liegt ein Buch von dir«, »Dort hast du deine Jacke liegenlassen«.

3. Erst jetzt erzählen Sie Ihrem Gegenüber, was Sie dabei empfinden: »Und da werde ich wütend«, oder »Das ärgert mich«. Achten Sie in diesem Schritt bitte darauf, nur ein echtes Gefühl zu benennen, also genau das, was Sie jetzt gerade empfinden. Vermeiden Sie auch hier Schuldzuweisungen wie »Du machst mich wütend«. Vorwürfe führen in aller Regel nur dazu, dass die Bereitschaft zur Kooperation beim Betroffenen sinkt.

4. Dann erwähnen Sie Ihr Bedürfnis nach Ordnung: »... weil mir Ordnung wichtig ist«, »... weil ich Ordnung brauche«. Nicht mehr und nicht weniger. Nun weiß Ihr Gegenüber, wie es Ihnen geht und was Sie brauchen – es hat alle Informationen, um sich ein eigenes Bild zu machen, ohne sich angegriffen fühlen zu müssen.

5. Nun formulieren Sie eine konkrete Bitte: »Würdest du bitte das Buch ins Regal räumen?«, »Würdest du bitte die Jacke aufhängen?«. Achten Sie auch hier darauf, dass es sich um eine echte Bitte handelt. Das können Sie daran erkennen, dass Sie innerlich bereit sind, auch ein »Nein« zu akzeptieren.

Sicherheit

Förderlich ist …

- sich ein Hobby zuzulegen, bei dem Sie etwas sammeln, zum Beispiel Bücher zu bestimmten Themen, Gedenkmünzen, Kunstwerke, Antiquitäten etc.
- Immobilien zu erwerben oder eine andere Anlage für Ihr Geld zu suchen
- sich mit schönen und wertvollen Dingen zu umgeben

Ausgleichend ist …

- sich von Dingen hin und wieder bewusst zu trennen, zum Beispiel bei Online-Auktionen, auf Flohmärkten, beim Trödelhändler
- aufzuräumen und auszumisten, um wieder Raum für Neues zu schaffen
- sich in regelmäßigen Abständen etwas zu gönnen, zum Beispiel eine Wellnessmassage, ein Dinner in einem exklusiven Restaurant, Eintrittskarten für ein kulturelles Ereignis etc.

Vielleicht haben Sie auch schon eines der vielen Bücher in der Hand gehabt, in denen die Rede davon ist, die Wohnung, das Büro, den Keller und den Dachboden auszumisten, um sich von allem Überflüssigen zu befreien – und dadurch das Leben einfacher und leichter zu machen. Vielleicht haben Sie die eine oder andere Methode auch schon ausprobiert und haben sich in einer großangelegten Aktion vom »Gerümpel des Alltags« befreit. Und sicherlich haben Sie danach den Effekt gespürt, der Ihnen ja auch versprochen wurde: Sie fühlen sich erleichtert, irgendwie freier und bereit zu neuen Taten.

Doch möglicherweise haben Sie dann festgestellt, dass sich dieser Zustand nicht lange halten lässt. Schon bald füllen sich die Winkel und Ecken wieder mit allerlei Unnötigem, und dort, wo Sie noch vor wenigen Wochen wie wild entrümpelt haben, ist längst wieder das alte Chaos zurückgekehrt. Was ist passiert?
Als Mensch, dem Sammeln und Bewahren wichtig ist, gehört es zu einem gewissen Grad zu Ihrer Persönlichkeit, sich mit vielen Dingen zu umgeben. Sie würden sich sehr wahrscheinlich in einer Umgebung, die so spartanisch eingerichtet ist wie die Zelle eines Zen-Mönchs, nicht wohl fühlen – auch wenn diese mit Sicherheit nach den Idealen der Entrümpelungs- und Vereinfachungsstrategen optimal wäre. Heißt das nun, dass Sie ein hoffnungsloser Fall sind? Mitnichten, denn ganz bestimmt gibt es jede Menge Plunder und Krempel, den Sie unbedingt loswerden wollen.
Um sich wirklich von etwas zu trennen, ist für Sie folgende Frage viel wichtiger, als einfach nur drauflos zu entrümpeln: Was soll stattdessen da sein? Da Sie die Tendenz haben, Leerräume sofort wieder zu füllen, sollten Sie vor dem Aufräumen mit sich selbst vereinbaren, was Sie mit dem neugewonnenen Raum anfangen wollen. Sie könnten sich zum Beispiel vor der nächsten Aufräumaktion überlegen, nur die Dinge zu entfernen, mit denen Sie eine schlechte Eigenschaft oder eine negative Erinnerung verbinden. Dann können Sie sich bei jedem Gegenstand überlegen, was Sie stattdessen haben wollen. Alte Briefe erinnern Sie zum Beispiel an eine unglückliche Liebe – bevor Sie diese einfach entsorgen, fragen Sie sich: Was will ich loswerden und welche Eigenschaften möchte ich stattdes-

sen bekommen? Vielleicht fällt Ihnen ein, dass diese Beziehung in die Brüche ging, weil Sie unehrlich waren, dann wünschen Sie sich doch mehr Ehrlichkeit im Leben. Oder die Beziehung ging zu Ende, weil Sie sich haben ausnutzen lassen und Ihre eigenen Bedürfnisse verleugnet haben, dann wünschen Sie sich vielleicht mehr Mut und Konsequenz.
Wenn Sie etwas gefunden haben, das Sie gerne stattdessen haben möchten, dann können Sie weiter überlegen: Gibt es einen Gegenstand, ein Objekt, das genau diesen neuen Wert verkörpert? Vielleicht verkörpert eine Pflanze oder ein auf dem Spazierweg gefundener Stein genau diesen Mut und diese Konsequenz, die Sie sich wünschen? Dann geben Sie diesem Gegenstand den Raum, der nun entstanden ist, weil Sie sich von etwas Unerfreulichem befreit haben. Es muss im Übrigen nicht zwingend etwas Neues sein, das Sie an diese Stelle setzen: Schöpfen Sie aus dem, was Sie bereits haben.
Auf diese Weise gewinnen Sie nicht nur Freiraum, sondern Sie füllen ihn zugleich mit etwas, das einen neuen Wert für Sie hat und Sie positiv stimuliert. Sie räumen nicht nur auf, sondern Sie schaffen zugleich Bedeutung.

Achtung

Förderlich ist …

- sich für die Belange der Heimat einzusetzen, zum Beispiel in einem Verein zur Heimatpflege
- sich mit der eigenen Herkunft auseinanderzusetzen, zum Beispiel einen Stammbaum erstellen, Ahnenforschung betreiben, nach Vorfahren forschen

Ausgleichend ist …

- die eigenen Moralvorstellungen immer wieder in Frage zu stellen, indem Sie die Diskussion mit anderen Menschen suchen
- Beziehungen, die sich mit den persönlichen Wertvorstellungen nicht mehr vereinbaren lassen, zu lösen, auch wenn dies einen Bruch mit Traditionen bedeutet

Dem Bedürfnis nach Loyalität der eigenen Herkunft gegenüber können Sie einen ganz einfachen Ausdruck geben, indem Sie sofort jemanden aus Ihrer Familie anrufen oder besuchen, dem Sie etwas zu verdanken haben. Nutzen Sie den Impuls und erzählen Sie Ihrem Verwandten, was Sie dazu bewegt, sich mit ihm in Verbindung zu setzen. Möglicherweise haben Sie auch Fragen, die Ihnen in Bezug auf Ihre Herkunft auf dem Herzen liegen. Dann sollten Sie jemanden suchen, der Ihnen diese Fragen beantworten kann.

Eine weitere Möglichkeit, sich mit den eigenen Wurzeln auseinanderzusetzen, besteht darin, sich mit der Geschichte des Heimatorts zu beschäftigen, Bücher darüber zu lesen oder ein Heimatmuseum zu besuchen. Setzen Sie sich ruhig kritisch mit Ihrer Herkunft auseinander und bedenken Sie, dass Loyalität niemals so weit gehen darf, dass Sie dabei Ihre persönlichen Wünsche und Bedürfnisse unterdrücken müssen. Wenn dies der Fall ist, dann suchen Sie das Gespräch. Sagen Sie Ihrem Gegenüber, dass Sie mit seinen Ansichten, seiner Lebensweise nicht einverstanden sind. Gleichzeitig aber betonen Sie, dass er oder sie Ihnen als Mensch wichtig ist, weil es für Sie von Bedeutung ist, sich als Teil einer langen Tradition zu verstehen.

Idealismus

Förderlich ist …

- sich für eine gerechte Sache auf gesellschaftlicher Ebene einzusetzen, zum Beispiel in einer politischen Partei, in einem wohltätigen Verein, bei einem freiwilligen Sozialdienst, in Menschenrechtsorganisationen etc.

Ausgleichend ist …

- sich mit alltäglichen Dingen zu konfrontieren und sie nicht anderen zu überlassen: Ordnung halten, Steuererklärungen machen, einkaufen und Essen kochen etc.
- sich genügend Zeit für sich selbst zu nehmen, in der sich die Welt einfach auch einmal ausschließlich um Sie selbst drehen darf
- bewusst Raum für den Partner, die Familie und für Freunde freizuhalten

Es gibt viele Organisationen, die es Ihnen erlauben, sich aktiv zu beteiligen, ohne dass Sie Ihr Leben von heute auf morgen umkrempeln müssen. Es gibt zum Beispiel die Menschenrechtsorganisation amnesty international, die ihre Mitglieder dazu auffordert, Briefe gegen das Vergessen an Regierungen zu schreiben, unter denen Menschenrechte verletzt wurden. Diese Briefaktionen sind sehr erfolgreich und stellen eine einfache Möglichkeit dar, sofort etwas zu unternehmen. Natürlich können Sie auch gleich eine Spende leisten – es gibt genügend Organisationen, die um jedes zusätzliche Mittel froh sind. Doch auf Dauer sollten Sie sich wirklich überlegen, aktiv zu werden. Dazu müssen Sie sich natürlich im Klaren sein, für welche gute Sache Sie sich letztlich einsetzen möchten. Das können Sie nur herausfinden, indem Sie sich nach Ihren Idealen befragen oder mit Freunden darüber diskutieren. Das Gespräch mit anderen kann hier besonders nützlich sein, insbesondere mit Menschen, die sich bereits auf irgendeine Weise engagieren.

Kontakt

Förderlich ist …

- Gelegenheiten zu suchen, bei denen Sie neue Menschen kennenlernen können: Partys, Vereine, gesellschaftliche Anlässe etc.
- Freundschaften zu pflegen und aufrechtzuerhalten

Ausgleichend ist …

- sich regelmäßig zurückzuziehen und für sich zu sein, zum Beispiel in der Natur oder auch einfach, indem Sie die Tür hinter sich zumachen und für niemanden erreichbar sind

Haben Sie den Eindruck, dass Ihr Bedürfnis nach sozialem Kontakt zurzeit zu kurz kommt? Fühlen Sie sich einsam? Vielleicht fühlen Sie sich gegenwärtig auch einfach nicht wohl mit den Beziehungen, die Sie sich aufgebaut haben? Auch wenn Sie in einem ersten kleinen Schritt nicht alle damit verbundenen Probleme lösen können, so können Sie doch etwas bewegen, indem Sie aktiv an das Thema herangehen. Dazu können Sie sich mit folgender Selbstbefragung eine Grundlage schaffen.
Wählen Sie eine Beziehung aus, die Ihnen zurzeit besonders am Herzen liegt. Vergegenwärtigen Sie sich dieses und stellen Sie sich folgende Fragen:

- Was verstehen Sie unter einer »guten Beziehung« mit gerade dieser Person? Welche Werte müssen in ihr gelebt werden?
- Welche Werte sucht der andere in dieser Beziehung? Warum handelt es sich für ihn um eine »gute Beziehung«?
- Was geben Sie von sich in dieser Beziehung auf?
- Was gibt der andere in dieser Beziehung von sich auf?
- Was will diese Beziehung Sie lehren – gerade jetzt, wo es vielleicht schwierig für Sie ist?
- Was können Sie dem anderen geben, damit er Ihnen die Chance gibt, von ihm zu lernen?
- Wann haben Sie das letzte Mal aktiv etwas für diese Beziehung getan und was war das?
- Was werden Sie in den nächsten 24 Stunden für diese Beziehung tun?

Familie

Förderlich ist …

- eine Familie zu gründen, und wenn das nicht möglich ist, sich um Kinder von Verwandten und Bekannten zu kümmern sowie Gastfamilie für Austauschschüler zu sein

Ausgleichend ist …

- Abstand von familiären Verpflichtungen zu finden, zum Beispiel durch Aktivitäten außer Haus
- etwas für sich zu tun, zum Beispiel bewusst eine Auszeit von der Familie nehmen, alleine verreisen etc.

Anerkennung

Förderlich ist …

- sich Statussymbole zu gönnen, zum Beispiel ein teures Auto, Designerkleidung, wertvolle Accessoires, Schmuck, Möbel
- einen anerkannten Abschluss mit Titel zu erwerben
- etwas zu tun, das öffentliche Anerkennung weckt, zum Beispiel sich für einen wohltätigen Zweck engagieren, sich mutig für jemanden oder eine Sache einsetzen

Ausgleichend ist …

- in Statussymbolen keinen Selbstzweck zu sehen, sondern eine Auszeichnung
- den eigenen Status für eine gute Sache zu nutzen
- anderen zu helfen, wahrgenommen zu werden, und sich für die Anerkennung anderer einzusetzen.

Wie kann es gelingen, seinem Bedürfnis nach Status gerecht zu werden, ohne sich von Statussymbolen abhängig zu machen? Der erste Schritt in diese Richtung besteht darin, sich darüber klarzuwerden, was diese Symbole für einen wirklich bedeuten: Sind sie tatsächlich ein Beleg für meinen persönlichen Erfolg – oder möchte ich lediglich andere beeindrucken? Je mehr ich den Erfolg nur deshalb möchte, um mich vor anderen zu profilieren, umso abhängiger mache ich mich davon, etwas im Leben zu erreichen. Zufriedenheit mit dem eigenen Status kann aber nur entstehen, wenn ich ihn für mich erreiche – und nicht um anderen zu gefallen. Folgende kleine Übung hilft Ihnen, die richtigen Fragen zu stellen, um herauszufinden, welchen Wert persönlicher Erfolg für Sie hat:

1. Notieren Sie bitte als Erstes alles, was Ihnen in den Sinn kommt, wenn Sie an Erfolg denken. Persönlicher Erfolg bedeutet für mich …

2. Stellen Sie sich nun vor, Sie hätten allen Erfolg, den Sie sich wünschen, erreicht. Was ist dann anders für Sie im Vergleich zu heute? Welche konkreten Merkmale hat Ihr Leben dann? Welche inneren und äußeren Ressourcen werden Sie besitzen, die Ihnen nicht auch schon heute zur Verfügung stehen? Was tun Sie dann, was Sie nicht schon heute tun? Sie können sich dabei an folgenden Stichwörtern orientieren: Arbeit/beruflicher Erfolg, Geld, Lebensstil/Besitz, Wohnort, Beziehungen, schöpferischer Selbstausdruck, Freizeit/Reisen, persönliches Wachstum und Weiterbildung.

3. Nun betrachten Sie sich selbst einmal näher. Welches sind Ihre Ideale, wonach streben Sie von ganzem Herzen? Wer möchten Sie sein? Welche Eigenschaften besitzen Sie in der idealsten aller Versionen? Lassen Sie Ihrer Phantasie unbedingt freien Lauf und imaginieren Sie die wünschenswerteste Vorstellung Ihrer selbst. Gönnen Sie sich in diesem zukünftigen Entwurf Ihrer Persönlichkeit alles, was Sie brauchen, um sich als ein Mensch sehen zu können, der seine innersten Überzeugungen lebt.

4. Nun gehen Sie wieder zurück zur Beschreibung Ihres Erfolges in Schritt 2. Welche Aspekte decken sich mit Ihrer Idealvorstellung von sich selbst? Und was ist eher Ausdruck dafür, dass Sie mit dem, was Sie tun, soziale Anerkennung genießen? An welchen dieser Dinge, Merkmale und Eigenschaften könnten andere etwas über Ihre persönlichen Ideale erfahren?

5. Fragen Sie sich nun: Welches ist jetzt mein erstes Ziel, mein wichtigster Wunsch?

Ausgleichende Gerechtigkeit

Förderlich ist …

- Konkurrenz und Wettbewerb, insbesondere im beruflichen Zusammenhang
- sich für ein höheres Ziel einzusetzen und dafür zu kämpfen, zum Beispiel für Menschenrechte, Umweltschutz, Tierschutz
- sich persönlich für Menschen starkzumachen, die es nicht so gut getroffen haben wie Sie selbst
- Wut in Energie umwandeln zu lernen, zum Beispiel durch Aikido oder Karate

Ausgleichend ist …

- zu trainieren, nicht auf Provokationen zu reagieren, zum Beispiel durch Meditation und Atemübungen
- gewaltfreie Kommunikation zu üben und friedliches Miteinander als höchsten Wert für sich zu etablieren
- Aggression als eine positive Antriebskraft zu erleben, wenn sie statt für den persönlichen Vorteil für höhere Ziele eingesetzt wird, zum Beispiel als Rechtsanwalt, Betriebsrat, Schlichter usw.

Wenn Sie Aggression in sich aufsteigen fühlen, werden Sie dies in erster Linie als eine Anspannung in Ihrem Körper bemerken. Eine wunderbare Übung, um diese

Anspannung abzubauen, stammt aus fernöstlichen Kampfsportarten: das Abklopfen des Körpers von oben bis unten.
Stellen Sie sich dazu zunächst aufrecht hin, die Beine leicht auseinander. Mit lockeren Fäusten beginnen Sie nun, den gesamten Körper locker abzuklopfen. Machen Sie mit den Waden den Anfang, klopfen Sie sich über die Oberschenkel nach oben. Bearbeiten Sie – sanft – den Bauch und etwas kräftiger den Po. Dann klopfen Sie sich energisch auf die Brust. Bei den Armen beginnen Sie jeweils am Handgelenk und wandern den Arm bis zur Schulter hinauf. Versuchen Sie, auch die Schulterblätter zu erreichen. Mit den Fingerkuppen klopfen Sie auf Ihren Nacken, auf Ihr Gesicht und die Kopfhaut. Dann kehren Sie den ganzen Prozess um, bis Sie wieder bei den Waden angelangt sind. Spüren Sie den Unterschied?

Lust und Schönheit

Förderlich ist …

- das Streben nach echten Beziehungen, in denen Liebe der Hauptantrieb ist, um zusammenzubleiben
- Beziehungen einen gemeinsamen Sinn zu geben durch möglichst viele gemeinsame Aktivitäten mit dem Partner, zum Beispiel durch bewusst geplante Freizeit, gemeinsame Candlelight-Dinner usw.
- die Beziehung als besondere Kraftquelle zu entdecken und wertzuschätzen, die einem auch dann Halt gibt, wenn es in anderen Lebensbereichen nicht so gut läuft
- Schönheit Zeit und Raum im Leben zu geben durch Musik, Kunst und Besuche von kulturellen Veranstaltungen, durch gezieltes Aufsuchen von Gegenden, die Sie

als schön empfinden, auf die Schönheit Ihrer Umgebung zu achten und sie entsprechend zu gestalten
- selbst schöpferisch tätig zu werden: ein Musikinstrument erlernen, malen, singen, dichten …

Ausgleichend ist …
- sich bewusst eine Auszeit in der Partnerschaft zu nehmen, um so die Beziehung als besondere Bindung schätzen zu lernen
- die Unterschiede zwischen Ihnen und Ihrem Partner zu bewahren, zum Beispiel durch eigene Hobbys und Interessen, denen Sie unabhängig von ihm nachgehen
- sich auch mit den weniger schönen Seiten des Lebens zu konfrontieren, mit Armut, Trauer und Unglück

Viele Künstler erleben die Verbindung von Lust und Schönheit als eigentlichen Motor ihrer Kreativität. Dabei wirkt das Kunstwerk wie ein Kanal, in den sich die schöpferische Energie ergießen kann. Jede Form künstlerischer Aktivität erschließt den Zugang zur eigenen Kreativität und macht unser Bedürfnis nach Lust und Schönheit zu einer Quelle der Inspiration.
Vielleicht haben Ihnen die Ausflüge in die Haiku-Dichtung bereits gut gefallen. Mit folgender Übung können Sie Ihren schöpferischen Zugang zur Welt noch erweitern und festigen.
Nehmen Sie einen Apfel und legen Sie ihn vor sich hin. Betrachten Sie ihn zunächst nur als Gegenstand: Wie sieht er aus? Welche Farbe hat er? Welche Form? Nehmen Sie ihn auch in die Hand und fühlen Sie die Oberfläche beziehungsweise spüren Sie sein Gewicht. Riechen Sie daran und

nehmen Sie seinen Duft wahr. Schließlich beißen Sie in ihn hinein, kosten ihn und prüfen seinen Geschmack und seine Konsistenz. Legen Sie den Apfel anschließend wieder vor sich ab. Dann schließen Sie die Augen und erinnern sich an den Apfel – seine Farbe, seine Form, seinen Geruch, seine Beschaffenheit, seinen Geschmack. Lassen Sie den Apfel vor Ihrem geistigen Auge erstehen. Drehen und wenden Sie ihn, riechen Sie im Geiste noch einmal an ihm, kosten Sie ihn erneut – dieses Mal jedoch nur in Ihrer Phantasie. Gelingt es Ihnen, den Apfel zu sehen, zu fühlen, zu riechen und zu schmecken? Dann beginnen Sie, ihn auf sein Wesentliches zu reduzieren. Vereinfachen Sie seine Gestalt, die farbigen Flächen auf seiner Schale. Stellen Sie sich den Apfel nicht mehr vor, wie er Ihnen konkret erschienen ist, sondern als Prototyp aller möglichen Äpfel. Sie könnten sich auch Folgendes dabei denken: Bis auf welche Merkmale kann ich einen Apfel reduzieren, damit er immer noch als Apfel erkannt werden kann? Ist es die runde Form? Die rötliche Farbe? Die typischen Überreste der Blüte an seiner Unterseite? Der Duft? Der Geschmack? Tauschen Sie die Form aus, lassen Sie ihn quadratisch werden. Verändern Sie die Farben, malen Sie ihn in Himmelblau. Stellen Sie sich vor, er würde nach Benzin riechen oder nach Pommes frites schmecken – spielen Sie mit dem Wesen des Apfels und probieren Sie alles aus, was Ihre Phantasie erlaubt!

Leibliches Wohl

Förderlich ist …

- bewusstes und langsames Essen und Trinken, die Nahrungsaufnahme zu zelebrieren und Zeiten dafür einzuräumen, in denen Sie ungestört sind

- für gutes und gesundes Essen zu sorgen, möglicherweise eine Ernährungsberatung aufzusuchen, damit Sie herausfinden, was Ihnen ganz persönlich guttut und worauf Sie achten müssen
- selbst kochen zu lernen und sich mit Lebensmitteln ausführlich auseinanderzusetzen, zum Beispiel indem Sie einen Kochkurs besuchen
- zum Gourmet zu werden und den Genuss zur Kultur zu erheben, zum Beispiel als Weinkenner, als Kaffeeexperte, als Schokoladen-Connaisseur usw.

Ausgleichend ist …
- sich die Effekte von Essen und Trinken auf den Körper durch Enthaltsamkeit bewusstzumachen, zum Beispiel durch regelmäßige Reinigungs- und Fastenkuren
- eine Zeitlang auf bestimmte Lebensmittel zu verzichten, um herauszufinden, ob Sie sie wirklich brauchen

Vermeiden Sie alle Fertigprodukte und fangen Sie an, so viele Lebensmittel wie möglich selbst herzustellen. Was Sie nicht herstellen können, kaufen Sie nur in bester Qualität und möglichst wenig industriell verarbeitet. Haben Sie schon einmal Ihr Brot selbst gebacken? Es ist gar nicht so schwer. Entweder Sie backen es ganz von Hand oder nehmen eine Brotbackmaschine zu Hilfe. Gutes, selbstgebackenes Brot hat übrigens sehr viel Wabi-Sabi-Potenzial: Kein Laib gleicht dem anderen. Mit anderen Geräten können Sie auch Ihren Joghurt selbst herstellen. Zugegeben: Das dauert alles in allem wesentlich länger, als die Produkte fertig im Supermarkt zu kaufen. Doch wenn Sie einmal damit anfangen, werden Sie feststellen, wie sich

Ihr Verhältnis zu Ihrem Bedürfnis nach leiblichen Genüssen verändert: Sie werden wählerischer bei der Auswahl dessen, was Sie Ihrem Körper als Nahrung zuführen, und Sie werden merken, wie sich Ihr Geschmackssinn schärft und Sie immer feinere Nuancen herauszuschmecken imstande sind. Auf diese Weise erhöhen Sie Ihre Lebensqualität.

Körperliche Aktivität

Förderlich ist …

- die alltäglichen Gelegenheiten für körperliche Betätigung aktiv zu nutzen, zum Beispiel Treppen steigen statt Aufzug benützen, zu Fuß gehen statt Auto fahren, Freunden beim Umzug helfen, Gartenarbeit etc.
- sich einen Beruf zu suchen, in dem Sie sich viel bewegen können
- sportliche Aktivitäten zur guten Gewohnheit zu machen, zum Beispiel indem Sie täglich joggen, regelmäßig in ein Fitnesscenter gehen oder sich eine Dauerkarte für ein Schwimmbad in Ihrer Nähe kaufen
- Yoga, Tai-Chi oder Qigong zu betreiben, um den geistigen Aspekt körperlicher Aktivität spürbar zu machen

Ausgleichend ist …

- dem Körper Ruhe zu gönnen, indem Sie gezielt Ruhephasen einplanen, in denen Sie faulenzen und einfach mal nichts tun
- durch autogenes Training und Meditation in den Körper hineinzuspüren
- in Berufen mit großer körperlicher Anstrengung sich über die gesundheitlichen Folgen klarzuwerden und

gegebenenfalls nicht zu zögern, die Arbeitsbedingungen zu verändern

Wenn sich das Bedürfnis nach körperlicher Aktivität meldet, gönnen Sie Ihrem Körper einfach sofort fünf Minuten. Warten Sie nicht ab, sondern geben Sie dem Bedürfnis so schnell wie möglich nach. Wenn Sie gerade in der Arbeit sind und am Schreibtisch sitzen: Stehen Sie auf und gehen Sie ein paar Schritte, am besten steigen Sie ein paar Treppenstufen. Oder Sie suchen sich ein sonniges Plätzchen, atmen tief ein und aus und dehnen und strecken sich gründlich. Am besten eignen Sie sich eine kleine Yoga-Übung an, die Sie schnell ausführen können und die nicht viel Platz benötigt. Wer es noch aktiver mag, keine Probleme mit seinen Gelenken hat und sich gerne sofort auspowern möchte, der sollte sich ein Springseil besorgen: ein paar Minuten auf der Stelle hüpfen, erfüllt Ihr Bedürfnis nach körperlicher Aktivität bestens.

Entspannung

Förderlich ist …

- Stress durch autogenes Training, Meditation oder einfach durch das Einplanen von Pausen abzubauen
- sich Zeit für Tagträume zu nehmen
- spazieren zu gehen, zu angeln, zu lesen

Ausgleichend ist …

- sich ein Hobby oder einen Beruf zu suchen, in dem Sie herausgefordert werden und positiven Stress erleben können
- sich kreativ zu betätigen

- sich bewusst immer wieder Situationen auszusetzen, in denen Sie sich selbst beweisen müssen, zum Beispiel ein Abenteuerurlaub, Extremsportarten usw.

Durch aktives Entspannen können Sie lernen, stressreiche Situationen besser zu bewältigen. Es hilft Ihnen, angesichts hoher Anforderungen nicht sofort zurückzuweichen. Bevor Sie jedoch mit der Entspannung selbst beginnen, beachten Sie bitte folgende Hinweise:

- Suchen Sie sich den richtigen Ort: ruhig, angenehm temperiert, störungsfrei.
- Üben Sie möglichst täglich zu einer bestimmten Zeit.
- Anfangs genügen einige Minuten, die Sie allmählich steigern können.
- Nehmen Sie Ihre Reaktionen wahr, ohne etwas erzwingen zu wollen: Entspannung lässt sich nicht erzwingen!
- Üben Sie nur so lange, wie es angenehm für Sie ist.
- Es gibt keine »beste« Technik! Probieren Sie unterschiedliche Herangehensweisen aus. Nur so können Sie den angenehmsten und effizientesten Weg für sich finden. Die bekanntesten Richtungen sind: Yoga, autogenes Training, progressive Muskelentspannung und Qigong.
- Suchen Sie sich Verstärkung! Mit Gleichgesinnten fällt das Üben leichter.

Die folgende Entspannungsübung lässt sich am besten im Sitzen ausführen. Geben Sie sich ausreichend Zeit und vergewissern Sie sich, dass Sie in dieser Zeit nicht gestört werden.

1. Setzen Sie sich bequem auf Ihren Stuhl, ziehen Sie sich eventuell die Schuhe aus und achten Sie darauf, dass Ihr Gesäß die gesamte Sitzfläche ausfüllt. Der Oberkörper ist dabei ganz natürlich gestreckt und kann sich an der Rückenlehne abstützen. Ihre Füße stellen Sie etwas mehr als hüftbreit fest auf den Boden.

2. Wenn Sie sich in dieser Stellung wohl fühlen, können Sie Ihre Augen langsam schließen. Konzentrieren Sie sich auf Ihren Atem: Lassen Sie den Atem ganz von alleine kommen und gehen, wie Ebbe und Flut. Spüren Sie die Temperatur der Luft und lassen Sie beim Einatmen die Luft ganz tief durch die Nase in den Bauchraum hineinströmen. Von dort aus füllt er die gesamte Wirbelsäule aus und strömt dann ganz von alleine wieder nach außen. Sie müssen gar nichts tun und können den Atem kommen und gehen lassen … Allmählich treten alle störenden Umweltgeräusche in den Hintergrund. Ganz locker und gelöst können Sie sich in den Stuhl hineinsinken lassen und sich immer mehr auf Ihre Entspannung konzentrieren.

3. Nun geht es auf eine kleine Reise durch Ihren Körper, die Sie bei Ihren Schultern beginnen: Sind diese angehoben? Lassen Sie Ihre Schultern beim nächsten Ausatmen ganz weich hinuntersinken. Gehen Sie von den Schultern zum Nackenbereich über und entspannen Sie Ihre Nackenmuskeln. Mit jedem Ausatmen ein bisschen mehr.

4. Gehen Sie auf Ihrer inneren Reise weiter nach unten: zu Ihren Füßen. Wie stehen Ihre Fußsohlen auf dem Boden? Gibt es Stellen, die vollständig auf dem Boden aufliegen? Sind Ihre Muskeln angespannt? Wie fühlen sich Ihre Zehen an? Verkrampft oder locker? Stellen Sie sich auf Ihrem inneren Bildschirm vor, dass von Ihren Fußsohlen aus Wurzeln in den Boden hineinwachsen, ganz weit hinein, und Ihre Füße damit fest im Boden verankern. Geben Sie mit jedem Ausatmen etwas mehr von Ihrer Anspannung durch diese imaginären Wurzeln in den Boden ab. Und mit jedem Einatmen lassen Sie frischen Sauerstoff und Ruhe in Ihren Körper hinein.

5. Und dann richten Sie Ihre Aufmerksamkeit auf den Beckenbereich. Wie berührt Ihr Gesäß die Sitzfläche? Sitzen Sie vollständig auf dem Stuhl oder berührt Ihr Gesäß nur teilweise den Stuhl? Lassen Sie sich mit der Vorstellung, Sie säßen im Sand, ganz weich in die Auflage hineinsinken. Der warme, weiche Sand gibt ganz langsam nach, und Sie können immer tiefer und weicher nach unten sinken.

6. Genießen Sie noch einen kleinen Moment Ihre Entspannung und kommen dann langsam mit Ihrer Aufmerksamkeit wieder in den Raum zurück. Räkeln und strecken Sie sich nach Herzenslust!

Wabi Sabi für zwei

Nun wissen Sie wahrscheinlich mehr über sich selbst und auf der Grundlage welcher Bedürfnisse Sie Ihrem Leben mehr Wabi Sabi geben können – doch die Sache hat einen ganz entscheidenden Haken: Sie sind in aller Regel nicht alleine auf der Welt! Was, wenn Ihr Partner oder Ihre Partnerin im Grunde seines oder ihres Herzens etwas ganz anderes vom Leben erwartet als Sie selbst?

Wenn Sie sich in einer Partnerschaft befinden und glücklich und zufrieden sind, sollten Sie sich zunächst darüber im Klaren sein, dass hier so viel nicht im Argen liegen kann – sonst hätten Sie es mit Ihrem Partner mit Sicherheit nicht so weit geschafft. Wenn Sie andererseits in einer Beziehung leben, in der Sie sich schon lange nicht mehr wohl fühlen und die disharmonischen Töne überwiegen, könnte es sinnvoll sein, darüber nachzudenken, ob sich Ihre jeweiligen Bedürfnisse nicht zu sehr unterscheiden. Grundsätzlich können wir von folgender Regel ausgehen:

Je mehr Bedürfnisse Sie mit Ihrem Partner teilen,
umso stärker wird die Bindung sein,
und je mehr Sie sich in Ihren Bedürfnissen
von Ihrem Partner unterscheiden, umso
stärker wird der Impuls sein, sich zu trennen.

Auf der Grundlage von gemeinsamen Bedürfnissen entsteht eine Beziehung, während sich widersprechende Bedürfnisse eine Beziehung eher in Frage stellen. Anders gesprochen: Dort, wo ich mit meinen Bedürfnissen auf derselben Wellenlänge bin wie mein Partner, fühle ich mich zu ihm hingezogen, dort, wo sich meine Bedürfnisse von seinen unterscheiden, möchte ich lieber für mich sein.

Das heißt aber auch, dass unterschiedliche Bedürfnisse alleine noch kein Indiz dafür sind, dass zwei Menschen nicht zusammenpassen und besser getrennte Wege gehen. Im Gegenteil: In einer erfolgreichen Beziehung gibt es stets beides – etwas, das uns miteinander verbindet, und etwas, das mir die Gelegenheit gibt, mich als Individuum zu erleben. Betrachten Sie für einen Moment folgende Abbildung:

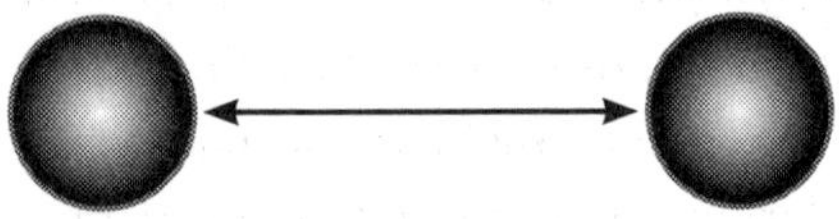

Was sehen Sie? Zwei Kreise, die durch eine Linie miteinander verbunden sind? Oder zwei Kreise, die – wie die Gewichte einer Hantel – durch die Linie voneinander getrennt sind? Beides ist richtig, es ist nur eine Frage der Perspektive! Beziehung beinhaltet immer beides, sich verbunden fühlen und sich vom anderen getrennt erleben.

Trennung und Verbindung, das sind zwei Seiten ein und derselben Medaille, die Partnerschaft heißt: Natürlich muss es etwas geben, das ich mit meinem Partner gemeinsam habe, aber wenn ich mich selbst in der Beziehung nicht verlieren und meine Individualität aufgeben möchte, ist es gut, wenn es etwas gibt, das mich von meinem Partner unterscheidet. Aus der Dynamik zwischen dem, was uns voneinander trennt, und dem, was uns miteinander verbindet, entsteht die Einzigartigkeit unserer Partnerschaft.

Schwierigkeiten können in Beziehungen immer dann auftauchen, wenn es keinen Ausgleich zwischen diesen beiden Prinzipien gibt, wenn also das Trennende überwiegt und es nichts Verbindendes mehr gibt, aber auch wenn das Verbindende überhandnimmt und nichts Trennendes mehr zugelassen wird. Man könnte es auch so betrachten: Es sind die Gemeinsamkeiten, die uns mit dem anderen verbinden, aber es sind die Unterschiede, die den anderen interessant machen. Dort, wo wir uns vom anderen unterscheiden, fühlen wir uns selbst in Frage gestellt und haben so die Möglichkeit, uns zu entwickeln. Wir können von Menschen, die andere Bedürfnisse haben als wir selbst, jede Menge lernen, denn in den Unterschieden zu anderen nehmen wir uns selbst besser wahr und können leichter unsere eigenen Schwächen entdecken und an ihnen arbeiten.

Sehen Sie gemeinsame Bedürfnisse als Punkte an, die Sie verstärken können, um den Zusammenhalt in Ihrer Beziehung zu fördern, und die Punkte, an denen Sie sich unterscheiden, als Chancen, um sich selbst zu entwickeln. Für verbindende Bedürfnisse sollten Sie künftig mehr gemeinsamen Raum in Ihrer Partnerschaft einplanen, und dort, wo Unterschiede sichtbar werden, ist es sinnvoll, zu überlegen, wie Sie beide genügend Freiraum erhalten, um sich diese Bedürfnisse unabhängig vom anderen zu erfüllen.

Gemeinsamkeiten und Unterschiede herausfinden

In einem ersten Schritt erstellt jeder der beiden Partner sein eigenes Bedürfnisprofil. Doch bevor Sie sich daranmachen, sich darüber auszutauschen und die beiden Profile zu vergleichen, nimmt sich jeder bitte Zeit für folgende Fragestellung: Was glauben Sie: Welches ist das zentrale Bedürfnis Ihres Partners? Welche weiteren Bedürfnisse hält er oder sie für wichtig?

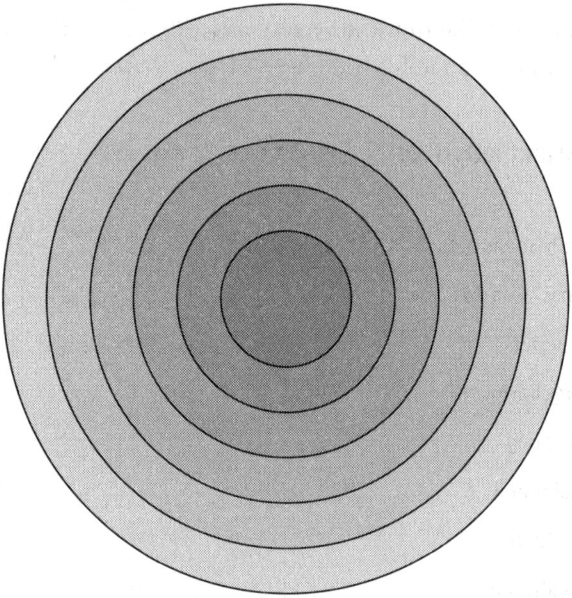

Dann tauschen Sie zunächst nicht Ihre eigenen Bedürfnisprofile aus, sondern diejenigen, von denen Sie glauben, dass Sie auf Ihren Partner zutreffen.

Stellen Sie fest, dass Sie Ihren Partner sehr gut kennen? Dann können Sie sich gratulieren – Ihre Beziehung scheint zurzeit wirklich in Ordnung zu sein. Anhand dieser kleinen Übung können Sie auf einen Blick erkennen, wie gut Ihr gegenwärtiger Kontakt ist und wie nahe Sie sich zurzeit stehen. Aber keine Panik, wenn Sie feststellen, dass Sie mit Ihren Vermutungen völlig danebenlagen: Das bedeutet zunächst nichts anderes, als dass Sie zurzeit mehr bei sich sein möchten und darüber den Bezug zu Ihrem Partner aus den Augen verloren haben – nichts, was sich also nicht verbessern ließe, zum Beispiel durch den nächsten Schritt: Vergleichen Sie nun Ihre eigenen Bedürfnisprofile miteinander. Dazu erstellen Sie eine einfache Tabelle:

Grundbedürfnis	Partner A	Partner B	Ergebnis
Selbstbehauptung			
Unabhängigkeit			
Neugier			
Zugehörigkeit			
Ordnung			
Sicherheit			
Achtung			
Idealismus			
Kontakt			
Familie			
Anerkennung			

Grundbedürfnis	Partner A	Partner B	Ergebnis
Ausgleichende Gerechtigkeit			
Lust und Schönheit			
Leibliches Wohl			
Körperliche Aktivität			
Entspannung			

Tragen Sie zunächst in die Spalte für Partner A und B ein + für jedes Bedürfnis ein, das der Einzelne für sich als besonders wichtig betrachtet, und ein – für jedes Bedürfnis, das ihm nicht so wichtig ist. Sie können eine 0 eintragen für alle Bedürfnisse, die bei Ihnen durchschnittlich stark sind.

Dann vergleichen Sie und notieren in der Spalte »Ergebnis« ein B, wenn es Bedürfnisse gibt, die Sie verbinden, die Sie also beide als wichtig gekennzeichnet haben. Ein T steht für trennende Bedürfnisse, das heißt für Bedürfnisse, die der eine als stark und der andere als weniger bedeutsam bewertet hat. Die Zeilen, in denen einer von beiden oder beide eine 0 notiert haben, können Sie auslassen – sie weisen weder auf besondere Bindung noch auf trennende Qualitäten hin. Anschließend sortieren Sie auf einem frischen Blatt Papier die Bedürfnisse neu:

1. Diese Bedürfnisse verbinden uns miteinander:

....

....

....

....

2. Diese Bedürfnisse trennen uns voneinander:

....

....

....

....

Die Konsequenzen, die Sie aus dieser Aufstellung ziehen können, sind einfach:

- Dort, wo Sie gemeinsame Bedürfnisse haben, nehmen Sie sich mehr Zeit und Raum für gemeinsame Aktivitäten, um Ihre Verbundenheit zu stärken.
- Dort, wo Sie Bedürfnisse haben, die sich deutlich von denen des anderen unterscheiden, gewähren Sie dem Einzelnen mehr Zeit und Raum.

Diese an und für sich unspektakuläre Übung kann Ihnen helfen, Ihre Beziehung besser zu verstehen und Ihren Partner in seiner Einzigartigkeit und seiner Individualität wertzuschätzen. Sie fördert die Toleranz zwischen Partnern und beugt falschen Erwartungen und Hoffnungen vor. Wenn ich lerne, den anderen in seinem Sosein zu akzeptieren und ihn in seinem Anderssein sogar als Quelle meiner persönlichen Entwicklung zu erkennen, schaffe ich die beste Voraussetzung dafür, meinem eigenen Leben mehr Wabi Sabi zu geben.

Das Prinzip von Yin und Yang in der Partnerschaft

In der Tradition des Taoismus, der bei der Entwicklung der Ideen von Wabi Sabi eine wichtige Rolle gespielt hat, finden wir die Idee von Trennung und Verbindung in den auch bei uns bekannten Konzepten von Yin und Yang wieder. Die folgenden Gedanken und Übungen können Ihnen helfen, Chancen und Möglichkeiten zu entwickeln, die sich aus den Gemeinsamkeiten und Unterschieden in Ihrer Beziehung ergeben.

Alle Phänomene und Prozesse des Lebens lassen sich auf der Grundlage der Dynamik dieser beiden Kräfte beschreiben. Vergegenwärtigen Sie sich einmal für einen Augenblick den Wechsel von Tag und Nacht und beobachten Sie vor Ihrem geistigen Auge, wie sich Helligkeit und Dunkelheit in einem ununterbrochenen Kreislauf ablösen. Damit haben Sie schon ein inneres Bild der Eigenschaften von Yin und Yang.

Yang heißen dabei alle Qualitäten, die mit dem Tag assoziiert werden. Es hat mit allen Prozessen zu tun, die auf Ausdruck und auf Expansion ausgerichtet sind – so wie die

Sonne alle Dinge sichtbar macht und Wachstum ermöglicht. Auf einer psychologischen Ebene verbinden wir mit Yang die Fähigkeit, zu beurteilen, einzuteilen und zu planen. Es unterstützt uns dabei, unserem Leben den richtigen Ausdruck zu geben und den Alltag in der Welt zu meistern.

*Folgende Eigenschaften zählen zu Yang:
hell, warm, klar, aktiv, leicht, locker, hart, sichtbar,
öffentlich, nach außen und nach oben gerichtet.*

Yin hingegen ist mit den Qualitäten der Nacht verbunden. Yin-Prozesse sind deshalb nach innen gerichtet und wirken konzentrierend – so wie sich die Natur in der Dunkelheit in sich zurückzieht, um sich zu regenerieren. Yin bedeutet deshalb für uns, dass wir unsere Wahrnehmung nach innen richten müssen, um dort Kraft aus unseren inneren Ressourcen zu schöpfen. Es lässt uns im Einklang mit unseren Gefühlen und Bedürfnissen leben.

*Yin-Eigenschaften sind: dunkel, kühl, undeutlich,
reaktiv, schwer, dicht, weich, verborgen, intim, nach
innen und nach unten gerichtet.*

Yin und Yang bedingen sich gegenseitig: das eine kann ohne das andere nicht existieren, und wo immer wir Yin finden, ist auch Yang gegenwärtig, und umgekehrt – so wie es kein Licht ohne Schatten gibt. Vielleicht stellen Sie sich das Zusammenspiel wie ein Schwungrad vor, das immerzu in Bewegung ist. Yin und Yang befinden sich deshalb auch

nicht im Widerstreit miteinander, denn sobald eines überhandnimmt, erzeugt es wie von selbst sein Gegenteil.
Auch in unseren Beziehungen wirkt das Prinzip von Yin und Yang und sorgt dafür, dass wir uns in ihnen weiterentwickeln. Wer sich bemüht, die Dynamik zwischen beiden zu pflegen und aufrechtzuerhalten, hat den ersten wichtigen Schritt in Richtung einer erfüllenderen Partnerschaft getan.

In der Partnerschaft kommt das Wechselspiel von Yin und Yang in zweierlei Hinsicht zum Ausdruck: einmal aus der Sicht des Einzelnen und dann aus der Sicht der Beziehung als Ganzes.

Das individuelle Yin und Yang – in Kontakt mit den eigenen Bedürfnissen

Für den Einzelnen entspricht Yin dem Prinzip der Trennung und bedeutet, die Möglichkeit, für sich zu sein und sich mit sich selbst zu beschäftigen. Yin zu leben heißt, Kraft für die Beziehung aus dem eigenen Inneren zu schöpfen. Jeder Partner sollte deshalb seinen persönlichen Bedürfnissen entsprechend Yin-Zeit und Yin-Raum haben, um sich selbst auch als Individuum zu spüren.
Wird das individuelle Yin zu stark, beginnen die Partner aneinander vorbeizuleben. Gemeinsamkeiten werden nicht mehr wahrgenommen, sondern jeder versucht, seine Individualität in den Vordergrund zu rücken. Eine wirkliche Bindung, die das Gefühl von Geborgenheit und Zusammenhalt erzeugt, kann nicht entstehen. Stellen Sie sich deshalb folgende Fragen zu Ihrer individuellen Yin-Situation:

- Welches sind meine zentralen Bedürfnisse?
- Habe ich genügend Freiräume für mich zur Verfügung, um diesen Bedürfnissen nachzugehen? Habe ich genügend Zeit für mich selbst? Habe ich ausreichend Raum für mich?

Yang hingegen bedeutet, die Energien auf den anderen zu richten, und entspricht dem Prinzip der Verbindung. Yang heißt, in Kommunikation mit dem anderen zu treten, ihn bewusst als Gegenüber wahrzunehmen und die Begegnung mit ihm zu suchen. Auch diesen Bedürfnissen muss in einer ausgewogenen Partnerschaft Zeit und Raum gewährt werden.

Ist das individuelle Yang zu stark, wird das gesamte Leben auf den anderen ausgerichtet. Die eigenen Bedürfnisse werden denen des Partners untergeordnet, die Selbstwahrnehmung ist geschwächt. Eine eigene persönliche Entwicklung ist in der Partnerschaft nicht möglich. Stellen Sie sich deshalb folgende Fragen zur individuellen Yang-Situation:

- Wie gut nehme ich die Bedürfnisse des anderen wahr? Wie sehr richte ich mein Leben an den Bedürfnissen des anderen aus?
- Wie viel Zeit und Raum hat meine Beziehung in meinem Leben?
- Wie drückt sich dies in der Gestaltung unserer Beziehung aus?

Im Kreis atmen

Nehmen Sie sich einen Augenblick Zeit für folgende Übung. Sie hilft Ihnen, die Dynamik des Wechselspiels von Yin und Yang am eigenen Leibe zu erfahren. Zugleich balanciert diese Übung Yin und Yang in Ihrem Körper – Sie fühlen sich gestärkt und im Einklang mit Ihren Bedürfnissen.

- Setzen Sie sich auf einen Stuhl. Halten Sie Ihren Oberkörper gerade und stellen Sie Ihre Füße so hin, dass sie fest auf dem Boden ruhen. Plazieren Sie Ihre Hände auf den Oberschenkeln und lassen Sie Ihre Arme und Schultern locker. Achten Sie darauf, dass Sie sich in einer Sitzhaltung befinden, in der Sie den Atem frei und tief fließen lassen können.
- Atmen Sie langsam, gleichmäßig und tief ein.
- Irgendwann wird das Einatmen in ein Ausatmen übergehen. Versuchen Sie, den Übergang so glatt und geschmeidig wie möglich werden zu lassen. Halten Sie nicht inne!
- Das Gleiche gilt, wenn Sie vom Ausatmen ins Einatmen übergehen: Lassen Sie beide Zustände ineinander übergehen.
- Stellen Sie sich vor, Sie atmen einen Kreis: Beim Ausatmen wölbt sich der Kreis nach außen, von Ihnen weg, und beim Einatmen folgt Ihnen die Wölbung des Kreises in Ihr Inneres.
- Finden Sie Ihren eigenen Rhythmus: Jeder Atemzug fließt gleichmäßig und ohne Pausen. Einatmen und Ausatmen gehen nahtlos ineinander über. Schließen Sie dabei die Augen und spüren Sie der Kreisbewegung nach, dem Wechsel zwischen innen und außen.

Das Yin und Yang in der Beziehung

Wenn wir nicht das Individuum, sondern eine Beziehung als eine Einheit betrachten, dann ist Yin das Prinzip der

Verbindung und herrscht in jenen Augenblicken, in denen die Trennung zwischen den Partnern aufgehoben ist. In diesen Momenten spüren wir, dass wir mit dem Partner aufs engste verbunden sind. Ein gut entwickeltes Yin hilft einer Partnerschaft, der Umwelt gegenüber selbstbewusst aufzutreten und störende Einflüsse abzuwehren. Yin erzeugt das Gefühl, in einer Gemeinschaft mit dem anderen zu leben, das Leben mit dem anderen zu teilen.

Wird Yin in einer Beziehung zu stark, empfinden sich Partner wie eine unauflösliche Einheit: Doch statt sich gegenseitig zu motivieren und zur gemeinsamen Entwicklung anzuregen, sind beide sich selbst genug. Sie beschließen, den Zustand, in dem sie sich befinden, »einzufrieren«, und dulden keine Einmischung von außen. Während die wechselseitige Abhängigkeit immer stärker wird, entfernt sich das Paar immer mehr von äußeren Kontakten: Freundschaften zerbrechen, familiäre Kontakte werden vernachlässigt. Das Paar isoliert sich. Eine solche Beziehung ist nicht stabil, denn ihr fehlt die Möglichkeit der Entwicklung durch Anreize von außen. Folgende Fragen können Ihnen helfen, die Yin-Situation in Ihrer Beziehung zu erforschen:

- Wie eng fühlen wir uns in der Partnerschaft verbunden? Wie stark erleben wir uns als Einheit?
- Wie gehen wir mit Impulsen aus der Umwelt um? Erleben wir Einflüsse von außen eher als Einmischung oder als Bereicherung unseres gemeinsamen Lebens?
- Wie stark erlebt uns unsere Umwelt als Paar? Wie reagieren Freunde, Verwandte, Bekannte auf uns, wenn wir gemeinsam auftreten?

Yang ist hingegen für das Trennende zuständig und immer dann in einer Partnerschaft gegeben, wenn die Unterschiede zwischen beiden Partnern besonders deutlich zutage treten. Unterschiede bedeuten immer auch Auseinandersetzung mit den Eigenschaften des anderen, die mir nicht so vertraut sind. Gerade bei Meinungsverschiedenheiten kommt dieser Qualität eine besondere Bedeutung zu, denn die Überwindung von Streit und Querelen erfordert am Ende eine Anstrengung von beiden Seiten und die Fähigkeit zum Kompromiss: Für eine gemeinsame Lösung müssen beide etwas von sich selbst aufgeben.
Und genau diese Unterschiede sind es auch, die in ihrer Summe die Einzigartigkeit der Beziehung ausmachen, wobei jeder Partner im anderen eine Herausforderung für die Entwicklung des eigenen Lebens sehen kann. Nur wenn der Yang-Aspekt in einer Partnerschaft gut entwickelt ist, kann eine Beziehung sich entwickeln. Zugleich erlaubt Yang einem Paar, sich auch nach außen hin zu öffnen und Einflüsse wahrzunehmen und zu integrieren. Mit folgenden Fragen kommen Sie der Yang-Situation in Ihrer Beziehung auf die Schliche:

- Wie deutlich können wir die Unterschiede zwischen uns anerkennen? Wie wichtig ist es uns, dass jeder auch seine eigenen Wege gehen darf?
- Wie gehen wir mit Streit um? Gelingt es uns, einen gemeinsamen Nenner zu finden?
- Inwieweit erleben wir unsere Beziehung auch als Herausforderung für unsere persönliche Entwicklung? Habe ich das Gefühl, als Persönlichkeit zu wachsen?

Wie geht es Ihnen jetzt?

Vielleicht haben Sie an dieser Stelle ein Nachwort erwartet, vielleicht ein paar schöne Worte zum Ausklang des Buches oder ein paar nützliche Hinweise, wie es jetzt weitergehen kann.

Da ich darüber nicht viel sagen kann, möchte ich meine eingangs gestellte Frage an Sie wiederholen: Wie geht es Ihnen jetzt – nach der Lektüre des Buches?

Nehmen Sie sich einen Augenblick Zeit und prüfen Sie, wie Sie sich jetzt gerade fühlen im Unterschied zu dem Zeitpunkt, als ich Ihnen diese Frage zum ersten Mal stellte.

Dann schätzen Sie sich bitte wieder auf einer Skala von 0 bis 10 ein, wobei wieder gilt: Bei 0 geht es Ihnen wirklich miserabel, während 10 dem Zustand des allerhöchsten Glücks entspricht. Wo ordnen Sie sich jetzt ein?

Mehr ist für den Augenblick nicht wichtig, denn ich bin sicher, dass Sie die nötigen Schritte, um noch ein Stückchen weiter auf dieser Skala nach oben zu gelangen, längst kennen und vielleicht auch schon einen ersten Anfang gemacht haben, um das Wabi Sabi in Ihrem Leben zu stärken.

Ihr
Christopher Weidner

Anmerkungen

Dieses Buch ist auf der Grundlage vieler Anregungen entstanden, die es ermöglicht haben, Wabi Sabi in einem modernen und praktischen Gewand als Lebenshilfe anzubieten.

Die Idee der 16 Grundbedürfnisse stammt von Steven Reiss. Er hat sie in seinem Buch »Who Am I?« ausführlich dargelegt und beschrieben.

Viele der Übungen entstammen meiner eigenen Praxis, einige verdanke ich dem intensiven Austausch mit Freunden, Kolleginnen und Kollegen, allen voran der Managementberaterin und Trainerin Nicole Truckenbrodt.

Interessante Anregungen, wie Wabi Sabi zu einer alltäglichen Lebenshaltung werden kann, fand ich vor allen Dingen in den Büchern der Autoren Richard Powell und Andrew Juniper.

Literaturhinweise

Csikszentmihalyi, Mihaly
Lebe gut! Wie Sie das Beste aus Ihrem Leben machen
dtv, München 2001

Hammitzsch, Horst
Zen in der Kunst des Tee-Weges
O.W. Barth bei Scherz, Bern/München 2000

Juniper, Andrew
Wabi sabi
Integral, München 2003

Koren, Leonard
Wabi-sabi für Künstler, Architekten und Designer
Wasmuth, Tübingen 2004

Powell, Richard R.
Wabi Sabi Simple
Adams Media Corporation, Avon 2005

Reiss, Steven
Who Am I, The 16 Basic Desires That Motivate
Our Actions And Define Our Personalities
Jeremy P. Tarcher, New York 2000

Roloff, Jana und Dieter
Zen in einer Schale Tee
Integral, München 2003

Ulenbrook, Jan (Hrsg./Übers.)
Japanische Dreizeiler
Reclam, Stuttgart 1995

Register

Christopher A. Weidner

Wabi Sabi – Keine Zeit und trotzdem glücklich!

Wie Sie die Kostbarkeit des Augenblicks entdecken und Ihren Rhythmus finden

Ständig unter Zeitdruck, immer erreichbar und kaum Verschnaufpausen? Wabi Sabi kann uns in unserem hektischen Alltag helfen, einen gelasseneren Umgang mit der Zeit zu finden: Die japanische Philosophie akzeptiert den steten Wandel und ermutigt dazu, die Schönheit des Augenblicks zu entdecken. Anhand eines Tests ermittelt der Leser, wie er mit der Zeit umgeht und sie bewertet. Übungen und Selbstreflexionen helfen dabei, die Zeit intensiver und befriedigender zu erleben. Mit einem praxisorientierten 7-Punkte-Programm wird der eigene Lebensrhythmus Schritt für Schritt entschleunigt.

Knaur Ratgeber Verlag

Christopher A. Weidner

Sui Xiang Dong

Der Feng Shui-Doktor

Ganzheitlich gesund mit dem traditionellen chinesischen Heilwissen

Laut Feng Shui bedeutet Gesundheit, dass die Lebensenergie Qi im Körper fließen kann und mit der Umwelt verbunden ist. Dieser Ratgeber stellt wirkungsvolle Maßnahmen aus dem Feng Shui vor, die dabei helfen, Energieblockaden aufzulösen und ganzheitliche Gesundheit zu erreichen. So gleicht eine Umgestaltung von Wohnräumen körperliche Schwachpunkte aus. Weitere Säulen auf dem Weg zur Gesundheit sind eine ausgewogene Ernährung sowie einfache Qigong- und Atemübungen. Anhand eines Tests kann der Leser seinen Feng-Shui-Typ nach den chinesischen Elementen Holz, Feuer, Erde, Metall und Wasser ermitteln. Für jeden Typ lässt sich aus verschiedenen Bausteinen ein individuelles Gesundheitsprogramm zusammenstellen.

Knaur Ratgeber Verlag

Lillian Too

Feng Shui für Geist und Seele

Wege zur Mitte

Wenn die Seele aus dem Gleichgewicht gerät, ist Feng Shui eine wirksame Methode, die innere Balance wiederherzustellen. Lillian Too erklärt in diesem Buch, wie es gelingt, hemmende Denkblockaden zu überwinden und zu mehr Klarheit und Bewusstheit in allen Lebenslagen zu gelangen.
Leichte Meditationsübungen sowie praktische Übungen für den Alltag helfen dabei, die innere Energie wieder frei fließen zu lassen.

Knaur Taschenbuch Verlag